부동산 공매! 이렇게 쉬웠어?

알기 쉬운 기초 공매

부동산 공매

이렇게 쉬웠어?

알기 쉬운 기초 공매

김동년 지음

매일경제신문사

삶의 방향을 바꾸니,
인생이 달라지기 시작했다

빚을 갚느라 전전긍긍하며 살던 평범한 주부가 1,000만 원으로 부동산 공매를 시작해 투자 1년 만에 부동산 9채를 낙찰받으면서 인생이 변하기 시작했다. 몸으로 부딪치고 치열하게 부동산과 재테크를 공부했다. 단순히 공부하고 책을 읽는 데서 그치지 않았다. 발품을 토대로 실전 경험을 쌓으면서 부동산 공매에 입문했다. 350km 넘는 거리의 지방도 마다하지 않고 임장을 다녔다. 정말 절박한 심정으로 했기에 열심히 앞만 보고 달렸다. 늦은 나이에 시작해보니 무엇을 하는 데 나이는 상관없는 것 같다. 나이는 그저 숫자에 불과할 뿐이다.

어느 순간 기적 같은 일들이 일어나다

필자는 빚만 갚고 살기에는 다가오는 미래가 무섭고 두려웠다. 정신을 차리고 보니 많은 사람이 부동산, 주식, 암호화폐 등 재테크 시장으로 몰려가고 있다는 것을 알았다. 서점에는 수많은 재테크와 투자에 관한 책들이 넘쳐났다. 이러한 정보들 사이에서 나는 혼란스러웠다. 처음부터 어떻게 시작해야 할지 난감했다. 하지만 어느 순간 이론보다 실전이 중요하다는 생각이 들어 과감하게 용기를 냈다. 공부에만 그치지 않고 실전에 접근하는 방법과 임장 방법, 명도 처리 과정 등을 차례대로 실행에 옮겼더니 삶이 변하기 시작했다. 기적 같은 일들이었다. 평소처럼 신세 한탄만 하고 나이 탓이나 했더라면, 지금도 빚에 허덕이며 살고 있었을 것이다.

코로나19로 경제는 더 힘들어지고 정부는 집값 과열을 막겠다고 세제 개편에 대출 규제, 금리 인상까지 전 방위적으로 부동산 정책을 쏟아내고 있다. 경험이 많은 투자자들은 어느 정도 예측하고 준비해왔을 것이다. 하지만 부푼 꿈을 안고 처음으로 투자에 입문해서 부동산 시장에 뛰어든 '부린이(부동산 어린이)'들은 앞이 캄캄할 것이다.

집값은 매일 요동치고, 매스컴에는 금리 인상과 수없이 바뀌는 부동산 정책, 세금 규제 등 우려스러운 이야기들로 도배되고 있다. 대체 초보자들은 어느 장단에 맞춰서 투자해야 할지 혼란스럽다. 이럴 때일수록 꾸준한 공부와 실전경험으로 실력을 쌓아야 한다. 많은 사람이 여전히 투자를 어려워하는 것이 사실이다. 부자가 되고 싶고, 성공하고 싶다고 말할 뿐 용기를 내지 못한다. 하지만 성공한 사람들을 따라 하거나 방법을 찾아서 꾸준히 노력하면 된다. 제자리에서 멈춰 있느냐, 일어나서 달리느냐는 오로지 본인의 몫이다.

어린 시절 부자를 꿈꾸다

충청북도 진천, 나는 너무도 가난한 집에서 태어나고 자랐다. 하루에 한 번 버스가 들어오는 시골에서 평생 류머티즘성 관절염을 앓았던 아버지로 인해 가난하게 살았다. 아버지는 아파서 방에 누워만 계셨고 엄마는 남의 집 품삯 일로 늘 집에 없었다. 아버지와 손잡고 학교 가는 친구들이 그렇게 부러울 수가 없었다. 나는 아버지의 손을 잡고 초등학교에 가는 대신 겨울에 땔감을 지게에 지고 갔던 기억이 아직도 생생하다. 가난을 뼈저리게 겪던 어린 시절부터 부자로 살겠다는 다짐을 했던 것 같다. 돈이 얼마나 있어야 부자인지는 잘 몰랐지만, 동네 어귀에 있던 기와집에 살 만큼 부자가 되겠다고 결심을 했다.

누구에게나 몇 번의 힘든 시기는 찾아오기 마련이다. 나 역시 어려운 학창시절을 보냈고 여러 번 힘든 날을 겪어 왔다. 지난날이 너무 힘들어 아침에 눈이 안 떠졌으면 하는 날도 많았다. 하지만 어려운 상황 속에서도 긍정적인 마인드와 부자가 되겠다는 꿈이 있었기 때문에 오늘도 일어선다. 무언가를 하지 않으면 상황은 변하지 않는다는 것을 어려서부터 알았기에 버티고 일어섰던 것 같다. 많은 사람이 실패와 좌절을 딛고 자신의 한계를 극복하고자 노력하며 살아간다. 사람은 생각하는 것보다 훨씬 강하다. 수많은 시련과 고통 속에서도 희망을 찾아서 살아간다. 오늘도 인생의 깊은 의미를 깨달아가며 살아가고 있는 나는 현재진행형이다.

한 번의 실행으로 낙찰이라는 선물을 받아보자

공매에 대해 막연히 두려움을 가진 사람들이 있을 것이다. 공매는 뭔가 특별한 사람만이 할 수 있고, 돈이 많이 있어야만 하며, 머리가 좋아야 할 수 있고, 시간도 많아야 할 수 있다고 생각하는 이들에게 그렇지 않다는 것을 이야기해주고 싶다. 초보자도 할 수 있고, 꾸준함과 성실함으로 노력하고 도전하면, 이룰 수 있다는 것을 보여주고 싶었다. 나는 첫 낙찰을 받은 날부터 1년 만에 부동산 9개를 낙찰받아 수익을 올렸다. 이는 나만의 특별한 이야기가 아니다.

당신도 충분히 할 수 있다. 단, 할 수 있다는 자신감과 꾸준함이 있어야 한다. 실패의 두려움 때문에 부자가 될 기회를 놓칠 것인가? 아무리 다양한 지식을 갖춘다고 한들 실행을 하지 않으면 공허한 꿈만 꾸고 있는 것일 뿐이다. 정말 필요한 것은 실행력이다. 너무 어려운 책은 잠깐 접어두자. 당신에게 진실로 필요한 것은 마음을 움직이고 가볍게 다가갈 수 있는 책과 한 번의 낙찰 경험이다. 그 많은 물건 중에 가슴 뛰는 물건을 찾으면 된다. 패찰이란 고배를 여러 번 마시더라도 꾸준히 하다 보면, 어느 순간 낙찰이라는 선물이 주어질 것이다. 이 책이 당신에게도 기적을 만들었으면 좋겠다. 부동산 공매에 입문하려는 사람들에게 조금이라도 도움이 되길 진심으로 바란다.

마지막으로, 엄마가 하는 일이라면 항상 아낌없는 응원을 해주는 라영, 희수, 관우 세 아이와 무한한 믿음과 지지를 보여주는 남편에게 고마움과 사랑을 전하고 싶다. 또한, 막연했던 꿈을 이루고 용기를 내게끔 이끌어주신 최고의 책 쓰기 코치 '한국책쓰기강사양성협회'의 김태광 대표님께 진심으로 감사함을 전하고 싶다. 이 책이 출간되기까지 애써주신 (주)두드림미디어의 한성주 대표님을 비롯해 출판사 관계자 여러분께도 감사함을 전한다.

김동년

목차

PART 2 **공매가 이렇게 쉬웠어?**

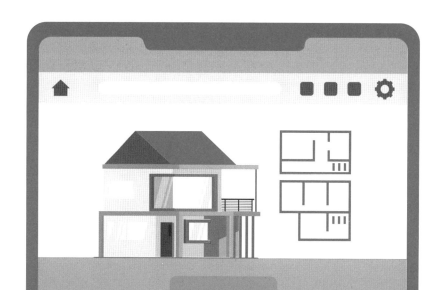

PART 1

공매 초보, 한 건으로
5,300만 원을 벌다

어느 날 갑자기
닥친 시련

어느 날 남편에게서 청천벽력 같은 전화가 걸려왔다. 투자했던 지인 회사가 부도가 났다는 것이다. 남편은 그 지인의 간곡한 부탁 반, 투자 의도 반으로 주택담보대출을 받아서 돈을 빌려주었다. 하지만 이미 부실해진 회사에 제대로 확인도 안 하고 무리하게 투자한 것이 화근이 되었다. 물론 나는 초기에 남편이 소액을 빌려준 것은 알고 있었다. 나중에 보니 담보대출뿐 아니라 신용대출까지 엄청난 금액이 넘어가 있었다. "지금이라도 회수해야 하는 것 아니야? 혹시 잘못되면 안 돼. 아이가 셋이라 잘못되면 큰일이 난다고!"라고 나는 신신당부했다. 남편은 "그래도 우리까지 무슨 일 있겠어?"라며 헛된 희망을 안고 지인 회사로 달려갔다.

도착한 순간 하늘이 무너져 내리는 것 같았다. 이미 모든 것이 경매로 넘어가고 아무것도 건질 것이 없는 상황이었다. 모든 물건에 빨간 딱지가 붙어 있었고, 집기들은 이미 엉망진창으로 나뒹굴고 있었다. 그 지인은 원망도 듣기 전에 어디론가 도망가버리고, 우리는 바닥에 주저앉아 넋을 잃었다. 울음조차 나오지 않았다. 집에 두고 온 아이들 셋이 뇌리를 스치고 지나갔기 때문이다. 정말 하늘이 캄캄했다.

빚 독촉이 시작되었다

그렇게 대출받아 투자 명목으로 돈을 빌려준 회사가 부도가 나서 감당하기 힘든 빚을 지게 되었다. 빚은 나에게 시련과 고통을 동시에 안겨다 주었다. 남편 또한 괴로움으로 술을 마시는 일이 비일비재했다. 남편이 그 돈을 빌려줄 때, 남편의 헛된 믿음과 설득으로 나 또한 내심 일부 동조했다. 그러므로 남편만 원망할 수도 없었다. 그때 말렸어야 했는데 내가 너무나 어리석었다. 너무도 고통스럽고 삶을 포기하고 싶을 정도로 괴로운 나날을 보냈다.

현실을 부정했지만 잔혹한 현실은 나에게 덮쳐 왔다. 갚아야 하는 빚 독촉은 다달이 돌아왔고, 그 지인과 남편에 대한 원망으로 하루하루가 지나갔다. 삶에 대한 의욕도, 자신감도 상실했다. 원망으로 밤을 지새우는 일이 반복되고 있었다.

막내아들의 중이염 대수술

긴 시간을 빚 속에서 버티며 살아왔다. 힘든 일은 한꺼번에 온다고 했던가? 남편이 금융권 퇴출까지 겪으면서 시련은 몇 배로 덮쳐 왔다. 어린아이들을 떼놓고 아이가 아파 울어대도 일을 해야만 했다. 그때 막내아들이 중이염으로 무척이나 고생했는데, 제때 치료를 하지 않아 대수술까지 받아야 했다. 수술실로 들어가는 아들을 보면서 얼마나 울었는지 모른다. 지금도 그 수술 자국만 보면 미안함이 가슴속 한으로 남아 괴롭다. 아무리 발버둥을 쳐도 나아지지 않는 상황이 얼마나 고통스러

운지 경험이 없는 사람은 알지 못할 것이다. '과연 이 빚을 갚고 평범한 일상으로 돌아갈 수 있는 날이 올까?' 이런 의심들이 내 마음속을 가득 채우고 있었다. 악착같이 일은 하는데 통장은 늘 비어 있었다. 빚은 고통의 연속이었다.

나는 긍정적이고 밝은 성격의 소유자다. 그랬던 내가 빚 때문에 어두워져 사람들을 피하고 친구들도 만나기 싫어하는 사람으로 변해가고 있었다. 나만 이렇게 하루하루 고통스럽게 살아가고 있는 것 같아 너무도 힘들었다. 이런 내 모습을 그 누구에게도 보여주기 싫었다. 감추려 해도 감춰지지 않는 감정 때문에 누구를 만나도 즐겁지 않았다. 그 이후로 아직도 만나지 못하는 친구들이 있다. 가끔 TV나 매스컴을 보면 돈 때문에, 빚 때문에 삶을 포기했다는 뉴스들이 나온다. 그 심정을 누구보다도 공감할 수 있었다. 나 역시 같은 심정으로 살아가고 있었기 때문이다.

위기를 기회로 만들기 위한 몸부림

'위기를 기회로 만들라'라는 말이 있다. 지금 돈이 없어도 부자가 될 방법이 있을 것 같았다. 무엇인지 모르지만 계속 무엇을 해야 할지를 찾고 있었다. 정말이지 나쁜 짓을 해서라도 무작정 돈을 벌고 싶었다. 나에게 오는 모든 기회를 지푸라기라도 잡고 싶은 심정으로 붙잡았다. 어린이집 운영, 옷 가게, 액세서리 가게, 약국 아르바이트, 부동산 중개업, 네트워크사업, 화장품 공장 등 돈이 된다고 하면 무작정 달려들었다. 하지만 빚은 계속 남아 있었고 아이들은 커가고 학원비며, 생활비며 나아지지 않았다.

　어려서부터 가난하게 자랐던 나는 부자가 되는 것과 성공을 늘 꿈꿨다. 동네 기와집을 보면서 막연하게 나도 저런 집에서 사는 부자가 되고 싶었다. 부자가 되어서 불쌍한 우리 엄마 행복하게 해드리고, 이 답답한 현실에서 벗어나고 싶었다. 늘 가슴 한편에서 소리 없이 울부짖고 있었던 것 같다. 어린 시절에는 평생 아픈 아버지로 인해 힘들게 사신 엄마를 봐왔지만, 그것은 내 의지와는 상관없는 일이었다. 지금, 이 현실도 내가 원했던 삶은 아니었다. 하지만 마냥 한탄만 하고 있을 수 없는 노릇이었다. 현재 상황은 내가 전혀 원하지 않았지만, 삶에 대한 태도는 바꿔야만 했다. 남편만 바라볼 수도 없었고, 원망만 할 수도 없었다. 나는 분명 다른 답을 찾아야만 했고, 이 구렁텅이에서 벗어나 새로운 돌파구를 찾아야만 했다.

공매가 운명처럼
다가오다

어느 날 우연히 유튜브 속에서 운명 같은 순간을 포착했다. 내용은 1,000만 원으로 빌라 2채를 경매로 낙찰받아 월세를 받을 수 있다는 이야기였다. 어떻게 1,000만 원으로 월세를 받을 수 있다는 건지 의문이 들었다. 알고 보니 어느 학원에서 하는 유튜브 방송이었다. 나는 바로 연락을 했다. 1,000만 원만 있어도 경매 낙찰이 정말 가능한지 물었다. 가능하다고 했다. 그렇다면 돈이 있어야 하는데 그 당시 수중에 1,000만 원이 있을 리 없었다. 지금 당장 시작하려면 그 종잣돈이 문제였다.

경매를 위해 종잣돈을 모으기 시작하다

굳은 결심만 서면 해낼 수 있다는 자신감은 있었다. 주저하지 않았다. 저녁에도 일할 수 있는 자리를 알아보기 시작했다. 마침 직원을 구한다는 전단을 발견했고, 망설이지 않고 전화를 걸었다. 화장품 포장 일을 하는 공장이었다. 그렇게 낮과 밤을 가리지 않고 일을 했다. 야간 작업을 하고 있을 때 시아버님이 돌아가셨다. 연락이 닿지 않아 바로 올

수가 없는 날도 있었다. 하나도 창피하지도, 미안하지도 않았다. 목표가 있었기에 그 누구의 말도 귀에 들어오지 않았다.

주말이면 학원에 다녔다. 학원비는 남편 몰래 신용카드로 접수했다. 나중에 알고는 남편도 적극적으로 지지해주었다. 1년 동안 악착같이 종잣돈을 모으는 데 집중했다. 학원 6개월 과정 동안 한 번도 빠지지 않고 공부에 집중했다. 무더운 여름날에도, 추운 한겨울에도 주말이면 공부와 임장을 병행했다. '당장은 크게 변화하지 않더라도 열심히 노력하면 지금의 삶보다는 훨씬 낫겠지'라는 희망으로 조금씩 나아갔다.

1,000만 원으로 빌라 2채를 낙찰받아서 월세를 받을 수 있다는 희망을 품었다. 하지만 현실은 생각보다 쉽지 않았다. 1,000만 원짜리 빌라에 임장을 가보면 번번이 실망하고 돌아오기 일쑤였다. 빛도 들어오지 않는 지하가 많았고 습기로 인한 곰팡이, 잦은 상하수도 관련 문제 등, 초보자가 다루기에는 어려운 점이 많았다. 실전에 들어서니 현실은 공부와 다르게 어려운 점도 많았고 두려움이 앞섰다. 하지만 간절함은 나를 포기하게 놔두지를 않았다.

실전에서는 적어도 3,000만 원 정도는 있어야 그나마 괜찮은 물건을 입찰할 수 있을 것 같았다. 그 당시에는 그만큼 절실했기 때문에 어떤 역경이 와도 포기하고 싶지 않았다. 다시 무너지면 일어나지 못할 것 같았기 때문이다. 절대 여기서 무너지면 안 된다고 입술을 깨물었다. 종잣돈을 좀 더 모으기로 했다. 악착같이 공부와 아르바이트 일을 했고 그렇게 또다시 1년 만에 마이너스 통장에 보험약관대출을 끼고 종잣돈 3,000만 원을 만들 수 있었다. 열심히 공부한 덕분에 공인중개사 시험도 합격할 수 있었다. 몸은 힘들었지만, 목표가 있었기 때문에 멈출 수 없었다. 처음이 힘들지, 마음먹고 노력하면 된다고 하는 의지는 갖고 있었다. "나는 해낼 수 있다!"라고 말이다.

공매의 매력에 빠지다

대출을 받고, 종잣돈 1,000~3,000만 원 정도면 입찰을 할 수 있었다. 경매 공부는 어느 정도 했기에 할 수 있다고 생각했다. 이제 법원에 가서 낙찰만 받으면 되는 것이다. 나는 물건부터 찾기 시작했다. 1억 원짜리 빌라를 낙찰받으면 10% 보증금인 1,000만 원은 현금으로 내고, 나머지 70~80%는 경락대출로 대체 납입할 수 있는 물건들은 있었다. 하지만 생각과는 달리 수없이 패찰을 반복했다.

"여기서 포기해야 하나?" 하고 어깨가 축 처져 돌아오던 어느 날이었다. 또 패찰했다는 말에 남편이 "경매보다는 공매를 해보는 건 어때?"라고 한마디 했다. 남편은 "공매는 경매처럼 법원에 가서 입찰하는 것이 아니라, 인터넷으로 온라인 입찰이 가능하고 일반인도 할 수 있다"라고 했다. 나는 그때 공매에 대해 처음 알았다.

그날부터 공매에 대해 자세하게 찾아보기 시작했다. 공매라는 신세계가 이때부터 열린 것이다. 공매를 다루는 유튜브, 책, 블로그 등을 닥치는 대로 보고, 읽으며, 공부하기 시작했다. 공매는 경매와는 또 다른 매력이 있었다. 나는 처음부터 공매는 누구나 하는 것이 아니라고 결론을 내렸었다. 공매는 세금 문제가 있다는 선입견 때문에 나하고는 별개일 거라는 생각에 쳐다보지도 않고 별다른 관심을 두지 않았다.

물건을 검색하고, 인터넷으로 정보를 얻으며, 임장을 통해서 하나하나 배워나갔다. 작은 빌라를 시작으로 명도까지 하면서 공매의 흐름을 파악할 수 있었다. 하다 보니 경매와 공매의 차이점도 나름대로 알게 되었다. 경매와 몇 가지 다른 점이 있고, 집행 절차인 명도 부분에서의 법적 절차적인 차이가 있었지만 투자의 기본 원리는 비슷했다.

가장 큰 차이점은 다음과 같다. 경매는 법원의 경매 법정에서 진행하고, 명도 부분에서는 낙찰자가 부동산을 인도받을 수 있는 인도명령제도가 있다. 하지만 공매는 한국자산관리공사의 온비드 사이트에서 진행되며, 점유자와 합의가 되지 않으면 인도명령제도 절차가 없어 명도소송으로 판결받아 점유자를 내보내야 한다. 보통 4~6개월, 송달이 안 되거나 점유자가 이의를 제기하는 경우 6개월에서 1년 정도 되기 때문에 명도기간이 길어진다. 법적 절차 측면에서 보면 낙찰자가 명도 부분에서 경매보다 불리한 위치에 있다는 사실을 알게 되었다. 그렇다면 이 부분만 잘 해결하면 성공할 수 있겠다는 자신감이 들기 시작했다.

공매 한 건으로
5,300만 원을 벌다

경기도 광주시 오포읍에서 마음에 드는 3층 소재 빌라 30평형대 물건 하나가 눈에 띄었다. 계속 그 물건을 관심 있게 보고 있었다. 내가 생각하고 있던 수익률과 어느 정도 맞으면 입찰하려고 기다렸던 물건이다. 앞선 회차에서 다른 누군가에게 낙찰되면 내 물건은 아니라고 생각하고 있었다. 드디어 기다리던 5회차까지 유찰되었다. 6회차까지는 최종입찰일이 이틀밖에 남아 있지 않았기에 마음이 들뜨기 시작했다. 위치, 입찰가, 건축물의 연도 등 여러모로 마음에 쏙 드는 물건이었다. 반드시 현장을 확인해야 했다.

네이버 지도로 위치를 확인하고 임장 준비물을 챙겨서 다음 날 출발을 했다. 입찰물건 현장에 도착하니 젊은 부부가 주위를 둘러보고 있었다. '아! 저 사람들도 이 물건을 보러 왔구나!'라고 직감했다. 역시나 경쟁률이 심할 것 같아서 입찰 금액을 어느 정도 높여 써야 할지 고민스러웠다.

물건을 살펴보니 위치도 좋았고, 방향도 남동향이어서 채광도 잘 들것 같았다. 건축한 지 2년밖에 안 된 빌라여서 깨끗한 상태로 보였다. 전망도 거실 방향으로 탁 트여 있어 좋았고, 사생활도 보호될 수 있는

구조였다. 전체 건물도 27개 동으로 이뤄진 대단지 빌라여서 무척이나 탐나는 물건이었다. 임장확인서에 꼼꼼히 하나씩 체크한 후 이 물건은 꼭 입찰해서 낙찰을 받아야겠다고 생각했다.

| 온비드 현장 물건정보지 |

출처 : 온비드

입찰가를 얼마나 써야 할까?

마침 물건 주변 현장에서 가구를 밖에 내놓고 집 안 청소를 하고 있던 입주민에게 해당 물건에 관해 물어봤다. 며칠 전에도 그렇고, 조금 전에도 젊은 부부가 그 입찰대상 물건에 대해 문의하고 갔다고 했다. 물건 자체도 양호하고, 권리관계도 깔끔한 물건이었기에 상당히 높은 경쟁률이 될 것으로 예상했다. 분명 그 젊은 부부 말고도 많은 사람들이 다녀갔을 것이다. 밤을 뜬눈으로 지새우며 입찰가에 대한 수많은 시나리오를 쓰면서 고민했다.

| 해당 물건 공고문 |

부동산 공매 공고(안)

1. 매각부동산의 목록

물건번호	소재지	건물의 번호	전유면적	대지권의 비율
1	경기도 광주시 오포읍 문형산길 ▩▩▩▩▩▩▩ 동 ▩▩호(신현리, ▩▩▩▩)	▩▩▩호	73.97㎡	661분의 80

2. 공매 장소

• 본사 강당 [서울 강남구 테헤란로 ▩▩▩▩▩▩ (역삼동)]

3. 공매 실시 일자 및 공매 예정가

(단위 : 원)

공매 회차	공매 실시 일자	시간	공매 예정가
1회	2020년 02월 17일 (월)	11:00	₩351,000,000
2회	2020년 02월 19일 (수)	11:00	₩316,000,000
3회	2020년 02월 21일 (금)	11:00	₩285,000,000
4회	2020년 02월 24일 (월)	11:00	₩257,000,000
5회	2020년 02월 26일 (수)	11:00	₩232,000,000
6회	2020년 02월 28일 (금)	11:00	₩209,000,000

• 공매에 참가하려는 자는 각 회차별 공매 개시 전까지 공매 장소에 입장을 완료해야 하며, 해당 회차 공매 개시 이후에는 공매 장소 입장 및 입찰참가 불가함.

4. 입찰방법 : 일반경쟁입찰 (단, 단독응찰도 유효함)

- 당사 공매 예정가 이상 최고 입찰자에게 낙찰함.
- 최고 동가 입찰자가 2인 이상인 경우에는 동 입찰자들을 대상으로 최고 동가 입찰가를 최저 공매가로 재입찰해 낙찰자를 결정함.
- 본 공매 물건에 대한 매각은 일괄매각 조건임.

5. 입찰보증금

- 입찰 금액의 10% 이상 현금 또는 금융기관 및 우체국 발행 자기앞수표(추심료 별도 납부)

6. 계약체결 및 대금납부 방법

- 낙찰자는 낙찰일로부터 5영업일 이내 매매계약을 체결해야 하며 이에 응하지 않을 경우에는 낙찰을 취소하고 입찰보증금은 당사에 귀속함.
- 매매대금 납부방법(계약체결일로부터 30일 이내 완납)

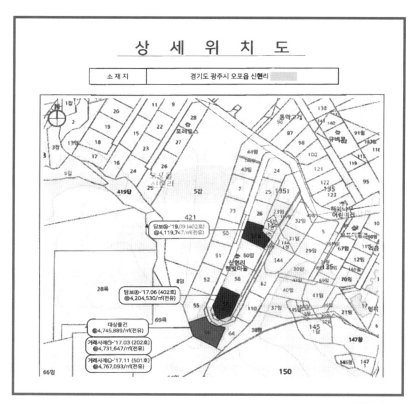

출처 : 온비드

▶입찰결과 (6건)	· 공매 보류 및 종결된 압류재산은 관련 법령에 따라 일부 정보만 공개					
물건정보	최저입찰가 (예정금액)(원)	낙찰가(원)	낙찰가율(%)	입찰결과	개찰일시
2020-0100-003234 경기도 광주시 오포읍 신현리 135-▨▨ 마을 13동 ▨▨▨ [주거용건물/다세대주택] [토지 80㎡] [건물 73.97㎡]	209,000,000	-	-	현장입찰마감	2020-03-02 10:00
2020-0100-003234 경기도 광주시 오포읍 신현리 135-▨▨ 마을 13동 ▨▨▨ [주거용건물/다세대주택] [토지 80㎡] [건물 73.97㎡]	232,000,000	-	-	현장입찰마감	2020-02-27 10:00
2020-0100-003234 경기도 광주시 오포읍 신현리 135-▨▨ 마을 13동 ▨▨▨ [주거용건물/다세대주택] [토지 80㎡] [건물 73.97㎡]	257,000,000	-	-	현장입찰마감	2020-02-25 10:00

출처 : 온비드

입찰가를 얼마를 쓸지 고민할 때는 '낙찰 후 매도 시 예상 기대수익 계산표'를 만들어서 사용하면 좋다. 현장입찰 시 경쟁자가 1명 있으면, 입찰가는 최저입찰가 2억 900만 원에 1,700만 원을 추가해서 예상낙찰가액이 2억 2,600만 원이 된다. 그 후 주변 인근 부동산 중개사무소의 매매사례 시세 2억 8,000만 원~3억 원의 최저가인 2억 8,000만 원을 가정하면 매매차익은 5,400만 원이 발생한다. 취득세와 양도세 등 각종 세금과 기타비용 900만 원을 공제 후 약 4,500만 원의 순수익을 기대할 수 있는 물건이다.

| 낙찰 후 매도 시 예상 기대수익 계산표 |

(단위 : 원)

입찰경쟁자	낙찰가액	매도가액(2)	차익	세금과 비용	순이익
0명(단독입찰)	209,000,000	280,000,000	71,000,000	15,000,000	56,000,000
1명*(1)	226,000,000	280,000,000	54,000,000	9,000,000	45,000,000
2명	230,000,000	280,000,000	50,000,000	7,000,000	43,000,000
3명 이상	236,000,000	280,000,000	44,000,000	6,000,000	38,000,000

(1) 취득비용은 취득세, 법무비용, 명도비 등 입찰가의 약 5%로 계산
했으며, 양도소득세(사업소득세)는 누진세를 적용해 계산함.
(2) 매도가액은 동일 평형대 최저가액으로 산정

첫 공매, 단독입찰이라는 행운

입찰 전일에 은행에 들러 최저금액 계약금 2,090만 원짜리 수표 1장
과 나머지 100만 원 및 10만 원짜리 수표 몇 장을 미리 준비했다. 막 출
발하고 아파트 입구를 빠져나가는데 마스크를 깜빡하고 챙기지 않았
다. 집으로 차를 되돌려 마스크를 챙겼다. 코로나19 초기여서 마스크
파동이 심할 때인데, 우리 집은 황사 대비용으로 마스크를 넉넉히 사둬
서 괜찮았다. 이때는 약국에서조차 쉽게 마스크를 살 수 없을 때라, 정
말 남편한테 고마웠다. 남편이 마스크를 대량 구입할 때는 남편을 구박
했는데, 이렇듯 요긴하게 사용될 줄 몰랐다.

현장에 도착하니 공매 장소는 역삼동 강남타워 23층이었다. 1층에서
부터 마스크를 착용하지 않으면 엘리베이터를 탈 수도 없게 출입구 봉
쇄를 하고 있었다. 당시 방역 지침으로는 외부인이 직접 건물을 들어갈

수 없었다. 담당자가 인솔하는 경우에만 건물 입장이 가능했다. 담당자와 통화하고, 1층에서 기다리고 있으면 담당자가 내려와 직접 인솔한다고 했다. 마스크를 가져가지 않았더라면 분명 현장 공매에 참여도 못 할 그런 상황이었다. 마스크를 챙겨갔던 것은 정말 다행이었다. 담당자를 따라 올라갔다. 입찰시간은 11시였으며 약 15분 전에 입찰 현장 입구에 도착했다. 10분 전이 되자 신탁회사 공매 담당 직원이 안내를 했다.

"입찰 10분 전입니다. 입장하시기 바랍니다."

| 신탁회사 공매장 회의실 |

출처 : 저자 작성

10시 50분, 재빨리 나는 공매장 안으로 들어갔다. 아직은 아무도 없었다. 10분 남았으니 아마도 다른 곳에 있을 것이라고 생각했다. 입장하라는 안내자의 말소리만 들릴 뿐 아무도 들어오는 사람은 아직 없다. 나는 문 앞에서 기다리고 있었기 때문에 바로 입장했고 장소는 상당히

넓었다. 나는 중간 정도의 자리를 잡고 앉았다. 경쟁자 수에 따라서 보증금도 준비됐으니 조용히 입찰시간을 기다리면 되었다. 처음으로 입찰해보는 현장 공매라 떨리기도 했고 기대가 되기도 했다.

10시 58분인데 사람이 아무도 없다. 11시에 입장을 마감하는데 적어도 현장에서 봤던 젊은 부부는 당연히 입찰할 것이라고 생각해서 찾았는데 아무도 보이지 않았다.

"입장을 마감합니다!"

정각 11시 출입문이 닫는 소리가 나면서 누군가 급하게 뛰어 들어왔다. 아무도 없을 리가 없겠지 했다. 그런데 입찰자가 아니라 또 다른 직원이 들어왔을 뿐이었다. 이게 무슨 일인가? 순간 당황스럽고 기분이 묘했다. 내가 권리분석을 잘못한 걸까? 그런 생각을 하는 사이 "담당자가 입찰을 시작하겠습니다"라고 선언했다.

나는 한편 걱정되면서도, 단독낙찰을 예상했다. 현장입찰에서 주변에 경쟁자가 아무도 없다니! 나중에 안 내용이지만 그 주변에 코로나19 확진자 발생으로 그 일대가 통행량이 줄었다고 했다. 마스크 구입은 생일 끝자리 대상일에만 약국에서 구입할 수 있었는데, 마스크 없이는 일반 사무실 출입 자체가 안 되었다. 그 당시에는 한 개 구에 확진자 1~2명만 발생해도 그 일대 통행량 자체가 급격히 줄어드는 때였다. 그 여파로 마스크 파동이 극심했지 않나 생각되었다.

잠시 뒤 담당자가 입찰하는 진행 순서를 낭독하고는 입찰자가 나 혼자라서 그런지 빠른 속도로 입찰 진행을 하는 것처럼 보였다. 한 사람은 입찰함을 들고 있었다. 나는 고민의 여지가 없었다. 경쟁자가 없으면 최저가 금액으로 단독낙찰을 받으면 되는 것이다. 입찰경쟁자가 1명이라면 입찰가를 1,700만 원을 더 쓸 생각이었지만, 1명도 없었기에 그 자리에서 1,700만 원을 번 셈이다. 최저가입찰서와 보증금 10%짜리 2,090만 원 수표 1장을 입찰봉투에 넣은 다음 입찰함에 넣었다. 담당자는 절차를 빠르게 진행했다.

입찰함은 개봉되고, "김○년씨 단독낙찰입니다! 축하합니다!"라고 했다.

이게 무슨 일인가? 단독낙찰이라 얼떨떨하긴 했지만 좋은 기분 반, 불안한 마음 반이었다. 지금 생각해보면 운도 일부분 따랐던 것 같다. 입찰일 당일 비도 내렸고, 역삼동 일대 코로나 확진자 발생과 코로나19로 인한 마스크 파동 등으로 인한 횡재(?)가 겹쳐서가 아니었을까?

이 물건은 낙찰가의 80%인 대출금 1억 6,700만 원(근저당권은 대출금액의 120%인 채권최고액 2억 40만 원 설정)과 본인 자금 4,200만 원으로, 최저가 2억 900만 원에 낙찰받아서 2억 8,000만 원에 매도했다.

신혼부부가 쓰던 집이었고, 깨끗하고 고장 난 곳 없이 상태가 좋아 수리비도 들지 않았다. 깨끗이 정리와 청소만 했다. 3개월 시간을 주면 이사비 없이 집을 비워 주겠다고 해서 간단히 명도확인서에 날인만 받고, 명도도 어렵지 않게 한 물건이었다. 이 정도면 웬만한 공매 한 건으로 1년 연봉 벌기가 가능하다는 것이다. 모든 세금을 공제하고도 약 5,000만 원 정도의 1년 연봉을 번 것이다.

| 부동산 매매 계약서 |

부동산 매매 계약서

아래(제1조) 표시 부동산(이하 "매매부동산"이라 함)을 매매함에 있어 매도인 케이비부동산신탁 주식회사(이하 "갑"이라 함)와 매수인 김동년(이하 "을"이라 함)는 다음과 같이 부동산 매매계약 을 체결한다.

- 다   음 -

제1조 (매매 목적 부동산)

물건번호	소 재 지	건물의 번호	전유면적	대지권의 비율
1	경기도 광주시 오포읍 문형산길157번길 .13외 호(신현리, 햇빛마을13)	호	73.97㎡	661분의 80

제2조 (매매대금) 매매대금은 금이억구백만원정(₩209,000,000)으로 한다.

제3조 (매매대금 지급방법) 매매대금은 "갑"에게 현금 또는 자기앞수표로 다음과 같이 지급 하기로 하며 "갑"이 지정계좌로 납부한다.

(단위 : 원)

구 분	매 매 금 액	납부일자
계약금	₩20,900,000	입찰보증금으로 대체 ('2020. 2. 27 납부)
잔 금	₩188,100,000	계약체결일로부터 30일이내
합 계	₩209,000,000	계약일 2020. 03. 03, 잔금일 2020. 03. 24

- 지정계좌 : 국민은행 349401 - 04 - 288135 (예금주 : 케이비부동산신탁(주))

제4조 (소유권이전) ① "갑"은 잔금납부일로부터 7일 이내에 소유권이전 등기에 필요한 서류를 "을"에게 교부 하여야 하며, 이전등기에 소요되는 제 비용은 "을"이 부담한다.
② 소유권이전에 따르는 완성건물 또는 미완성 건물의 명도(임대부분 포함) 및 철거, 이전, 보상 등은 "을"의 책임으로 한다.

제5조 (제세공과금) 매매목적물에 대한 매매전후 발생하였거나 발생할 제세공과금(특별히 증과 될 수 있는 제세공과금, 종합토지세 누진액, 관세 포함)과 수도료, 전기료, 관리비 등 부동산의 보전을 위한 비용 및 기타 관리에 필요한 비용은 "을"이 부담하며, 이에 대한 의무불이행으로 인하여 "갑"에게 손해가 발생한 경우 "을"은 이를 배상하기로 한다. 단, "갑"을 납세의 무자로 하여 부과되는 2014년 6월 1일 이후 재산세 및 종합부동산세는 매매대금에서 "갑"이 납부하기로 한다.

제6조 (지체상금) "갑"의 귀책사유 없이 "을"이 잔금지불을 지체할 경우에는 해당금액에 대하여 년19%의 이율에 의한 지체상금을 가산하여 "갑"에게 지불하여야 한다.

출처 : 저자 작성

| 매도 후 등기사항전부증명서 |

【 갑 구 】			（ 소유권에 관한 사항 ）	
순위번호	등 기 목 적	접 수	등 기 원 인	권리자 및 기타사항
1	소유권보존	2016년5월25일 제36825호		소유자 정○○ ○○○○○-******* 서울특별시 영등포구 여의대방로43라길 9, 109동 ○○○호(신길동, ○○아파트)
2	소유권이전	2016년12월30일 제99610호	2016년12월18일 매매	소유자 김○○ ○○○○○-******* 경기도 광주시 오포읍 창풍윗길6번길 14, 다동 ○○○호 (능평203) 거래가액 금280,000,000원
3	소유권이전	2016년12월30일 제99611호	2016년12월29일 신탁	수탁자 케이비부동산신탁주식회사 110111-1348237 서울특별시 강남구 테헤란로 124(역삼동)
	신탁			신탁원부 제2016-4568호
4	소유권이전	2020년3월24일 제27311호	2020년3월2일 매매	소유자 김동년 인천광역시 연수구 ○○○○○ 거래가액 금209,000,000원
	3번신탁등기말소		신탁재산의 처분	
5	소유권이전	2021년4월28일 제30072호	2021년4월2일 매매	소유자 장○○ ○○○○○-******* 경기도 성남시 수정구 대편로 ○○○(태평동) 거래가액 금280,000,000원

[집합건물] 경기도 광주시 오포읍 신현리 135-○○○○○마을13 제2층 제○○호

【 을 구 】			（ 소유권 이외의 권리에 관한 사항 ）	
순위번호	등 기 목 적	접 수	등 기 원 인	권리자 및 기타사항
5	근저당권설정	2020년3월24일 제27312호	2020년3월4일 설정계약	채권최고액 금200,400,000원 채무자 김동년 인천광역시 연수구 ○○○○○ 근저당권자 농협은행주식회사 110111-4809385 서울특별시 중구 통일로 120(중정로1가) (마포중앙지점)

출처 : 대법원 인터넷등기소

깔끔한 주방, 화장실 내부 모습

출처 : 저자 작성

(단위 : 원)

항목	지출	수입	최종 수익
매도가액		280,000,000	
낙찰가액	209,000,000		
(공매 자금대출(80%))	(167,000,000)		
(본인 투자금)	(42,000,000)		
취득세 등 법무 비용	3,500,000		
이자 비용(명도까지 3개월))	1,200,000		
약 13개월 이자(명도 후)	5,070,000		
약 13개월 관리비	650,000		
중개수수료	1,120,000		
양도소득(사업소득세)	5,757,000		
계	226,297,000	280,000,000	53,703,000

공매란
무엇인가?

공매는 한국자산관리공사(KAMCO-Korea Asset Management Corporation, 韓國資産管理公社, 캠코)가 처분을 대행하는 물건을 말한다.

공매의 종류에는 국가기관의 재산을 매각하는 공유재산 공매, 국세징수법에 따라 세금체납자의 압류재산을 환가하거나 형사소송법의 압류물 중에서 매각이 필요한 물건을 매각하는 압류재산 공매, 부동산 신탁회사나 금융기관 등의 의뢰로 매각이 이뤄지는 신탁 공매, 그리고 임대(대부) 공매 등이 있다.

경매는 근저당권자 등의 담보물권자와 일반 채권자의 채권 상환 기간이 도래했으나 채무자 등이 변제하지 않아 변제를 받고자 할 때, 채권자가 법원에 채무자나 보증인의 소유 부동산을 강제 매각 신청하는 것이다. 채무자나 보증인의 물건에 채권자의 담보가 설정된 임의경매와 채권자가 법원의 판결을 받은 집행권원에 의해 채무자의 소유 부동산에 경매를 신청하는 강제경매가 있다. 이들 모두 경쟁입찰방식에 의해 매각하고, 그 매각대금으로 채권자들에게 배당하고 경매 절차는 종료된다.

공매와 경매는 진행하는 방법과 소요기간이나 절차, 명도소송이나 간편한 인도명령 등의 과정이 다르므로, 투자자는 두 진행 과정의 차이를 명확히 알아야 손실을 보지 않는다. 한국자산관리공사가 위임을 받아서 진행하는 공매는 원칙적으로 인터넷 경쟁 입찰로 이뤄지며, 간혹 현장 공매도 병행하고 있다.

공매 참여 전자 시스템, 온비드(Onbid)

공매는 원칙적으로 인터넷으로 입찰을 진행하다 보니 입찰하려고 먼 거리를 이동할 필요 없이 집에서 컴퓨터만으로도 간단히 입찰할 수 있다. 다만 경매에 있는 간편하고 신속한 인도명령제도가 없어 명도 협의가 잘 이뤄지지 않을 때, 명도소송을 거쳐야 하는 불리한 점이 있다. 경매에서 제공하고 있는 부동산에 대한 세부정보나 임차인 관련 정보가 상당히 부족하게 제공되는 부분 역시 입찰자에게 불리한 점이다.

공매에 참여하기 위해서는 온비드 사이트(www.onbid.co.kr)에 회원가입을 하고 공인인증서 등록을 해야 한다. 등록하게 되면 통합 검색, 지도 검색, 상세조건 검색 등을 확인해서 입찰할 물건을 정한다. 해당 물건의 물건 세부정보, 입찰정보, 시세 및 낙찰통계, 주변정보와 공고문 및 감정평가서까지 검토한 후 입찰 마감 기일 안에 입찰하면 된다. 온비드 사이트에 해당 물건에 나타나는 입찰 버튼을 눌러 인터넷입찰서를 작성한 후 입찰서 제출을 누르면 입찰서 제출이 완료된다. 입찰서 제출 시 표시된 지정입금계좌에 입찰보증금을 입금하면 입찰이 마무리된다.

공매는
어디서 진행하나?

온비드(www.onbid.co.kr)는 공매를 진행하는 한국자산관리공사(KAMCO, 캠코)가 관리 및 운영하는 공매 입찰 전문사이트다. 국가기관, 지자체, 교육기관 등에서 캠코에 매각의뢰를 한다. 캠코의 공매는 세금을 체납한 체납자 재산에 대해서 공매 의뢰를 받는 것 외에 국유재산의 수탁재산, 유입자산, 임대물건, 양도세 관련 세액감면대상 부동산 등 종류가 다양하다. 또한, 한국자산관리공사는 경매 절차를 집행하는 법원과는 달리 신탁재단 등 일부를 제외하고 현장입찰을 하지 않고 온비드에서 전자입찰을 통해서만 입찰할 수 있다. 공매 물건의 종류는 부동산, 차량, 유가증권, 회원권 등 다양하며 차츰 매각물건의 종류가 더 확대되고 있다.

세무서, 지방자치단체, 정부기관 등의 공매

대표적인 압류 공매의 의뢰인인 세무서장은 압류재산을 대통령령으로 정한 대로, 공매를 결정하고(국세징수법 제103조 ①항), 원칙적으로 경쟁입찰 방법에 따른다. 그리고 세무서장 등은 압류한 재산의 공매에 전문지식이 필요하거나, 그 밖에 특수한 사정으로 직접 공매하기에 적당하지 않다고 인정될 때, 대통령령에 따라 한국자산관리공사가 공매를 대행할 수 있다. 이 경우 공매는 세무서장 등이 한 것으로 본다. 관할 세무서장은 공매 공고를 한 경우 국세징수법 제75조에 따라 체납자, 납세담보물 소유자 등에게 공매 사실을 통지해야 한다.

그다음 매각절차로 공매 기일을 정해 매각되면 매각결정을 한다. 매수인이 매가대금을 완납하면 체납자를 대신해, 매수인을 위해서 등기소에 권리이전과 제등기말소를 촉탁하는 절차를 진행한다. 그리고 배분 기일을 열어 공매 위임관서와 배분에 참여할 수 있는 채권자 등에게 배분하고 공매를 완료한다.

국민건강보험, 국민연금보험, 고용·산재보험 등의 공매

공과금은 국세징수법상 체납처분 등에 따라 조세채권 등과 같이 자산관리공사에 공매 대행을 의뢰해서 공매하고 있다. 이러한 공매를 역시 압류 공매라고 한다.

신탁회사 등의 직접 공매

신탁회사에서도 대출을 위한 담보신탁이 된 부동산에 대해서 연체 등의 사유로 대출금융기관이 환가를 요청하면, 자체적으로 직접 공매를 실시하기도 한다.

교보자산신탁, KB부동산신탁, 한국토지신탁 등 많은 신탁회사 등이 있는데, 이러한 신탁회사들은 담보신탁 등을 공매하는 것 이외에도 처분신탁된 물건도 직접 공매를 진행하고 있으나 담보신탁된 물건이 대부분을 차지하고 있다.

기타 공매

압류 공매와 신탁 공매 외에도 다음과 같은 여러 기관이 있다. 자체 공매하거나 한국자산관리공사에 매각 대행과 함께 자체기관이 직접 공매를 병행하기도 한다.

- 정부 투자 기관 공기업 등의 공매
- 금융기관이나 기업 등이 자산관리공사 매각 위임
- 공적 자금이 투입된 금융기관의 파산 진행 시 파산재단 공매
- 예금보험공사
- 정리금융공사
- 농협 자산관리공사
- 산림청
- 각 금융기관의 부실재산 정리를 위한 직접 공매
- 개인기업 등의 비업무용자산 정리를 위한 직접 공매

공매 물건은
어떤 것이 있나?

부동산, 동산, 차량, 학교매점운영권, 주차장운영권, 정부나 공공기관, 금융기관의 불용품, 상품권 등의 유가증권, 회원권 등 다양한 물건이 공매의 대상이 되고 있다. 여러 기관의 위임을 받아 한국자산관리공사가 매각절차를 대행하는 것이다. 공매는 매각물건뿐만이 아니라 거주 주택이나 상가 등의 임대를 위한 공개입찰을 경쟁 입찰방식으로 진행하는 것이 원칙이며, 일정 금액 이하로 떨어지면 수의계약으로 매각하기도 한다.

한국자산관리공사 공매 물건의 종류

- **압류재산 공매** : 세무서장, 지방자치단체장, 공과금기관장 등으로부터 한국자산관리공사가 매각 대행 의뢰한 재산을 말한다. 체납처분기관이 체납자 소유의 재산을 압류한 후 한국자산관리공사에 매각 의뢰하게 되면, 공사는 그 물건을 평가하고 공고 후 매각절차까지 전체를 일반 공개경쟁입찰로 매각하고 있다.
- **국유재산 공매** : 국가 소유 일반재산의 관리와 처분을 위임받아서

일반인에게 매각 또는 임대하는 재산을 말한다. 국유 부동산은 매각보다 임대(대부라고 함) 공매가 더 많다.

- **수탁재산 공매** : 금융기관이 연체대출금을 회수하기 위해 법원 경매로 금융기관 명의로 유입한 후 한국자산관리공사에 매각 의뢰한 재산과 공공기관이 소유한 비업무용 재산에 대한 공매와 양도세 감면대상 물건을 말한다.
- **유입자산 공매** : 부실채권을 회수하는 과정에서 법원 경매를 통해 한국자산관리공사 명의로 유입한 재산을 일반인에게 공개경쟁입찰로 매각한다.

이용기관 공매 물건

- **국유재산 공매** : 국가기관(국유재산), 지방자치단체 등의 재산 등 소유하고 있는 비업무용 재산 등을 온비드에 이용기관으로 회원가입해서 직접 매각하는 것을 말한다.
- **공유재산 공매** : 국가 또는 지방자치단체가 출자 및 출연한 기관과 기타의 공공기관 등이 있다. 이들 이용기관 등을 보면 행정자치부, 기획재정부, 정보통신부, 국방부, 경찰청 등의 중앙행정기관과 서울특별시 등 지방자치단체 및 교육기관, 한국전력공사, 서울메트로, 한국철도공사, 한국가스공사 등이 있다. 이들 공공기관 등의 비업무용 재산을 이용기관으로 회원가입해서 직접 매각하는 것을 말한다.
- **기타 일반재산 공매** : 이용기관이 보유하고 있던 불용품 및 불용품

을 제외한 모든 기타자산을 온비드에 이용기관으로 회원가입해서 직접 매각하거나 신탁회사 공매 물건도 기타일반재산으로 등록해서 공매를 진행하고 있다.

신탁회사로는 KB부동산신탁, 한국토지신탁, 대한토지신탁, 아시아신탁, 한국자산신탁, 하나자산신탁, 코람코자산신탁, 우리자산신탁, 무궁화신탁, 교보자산신탁, 우리자산신탁, 코리아신탁 등이 있다.

- **금융권 담보재산** : 금융기관 소유의 동산 및 양도담보 재산 등으로 금융기관이 담보로 잡은 물건 중에서 온비드 이용기관으로 회원 가입해서 직접 매각하는 것을 말한다. 즉 중장비나 공장 기계설비 등이 여기에 속한다.

부동산 담보신탁이란?

부동산 신탁대출은 개인이 은행에서 대출받을 때 근저당권을 설정하는 것보다 더 많은 대출을 받을 수 있다는 장점이 있다. 그러므로 '위탁자(현 소유자)'가 신탁회사로 소유권을 넘기면 집주인이 임의로 부동산을 처분하는 것이 불가능하다. 신탁회사는 일반 담보대출로 받을 수 있는 대출보다 더 많은 금액의 '수익증권'을 발행하게 된다. 이때 수익자인 대출은행이 이 증권을 담보로 대출을 실행하게 한다. 대출을 위한 형식적인 소유권 이전이라 하더라도 법적으로는 분명히 신탁회사의 소유가 된다.

부동산 등기사항전부증명서는 등기소에 가거나 행정복지센터 자동발급기, 인터넷으로 열람이나 발급(비용은 열람 700원, 발급은 1,000원)할 수 있다. 하지만 신탁원부는 대법원 인터넷등기소에서는 발급이 안 되고, 직접 등기소에서 발급받아야 한다. 귀찮더라도 무조건 발급받아서 확인하는 것이 좋다. 매번 등기소로 찾아갈 때마다 주차도 까다롭고 불편했는데, 요즘은 약간의 비용을 내고 대행 발급받을 수 있는 시스템이 되어 있어서 편리하다. 인터넷에 '신탁원부 발급'이라고 검색하면, 발급 대행해주는 서비스업체를 찾을 수 있다.

신탁원부는 등기기록 일부로 취급되어 신탁원부에 선순위가 기재되어 있다면 '등기된' 선순위 권리로 간주한다. 신탁의 종류, 대출금, 적법한 임대 권한이 누구에게 있는지 등 권리 내용을 확인할 수 있다. 신탁원부상 우선수익자(대출은행)가 설정되어 있다면, 해당 채권최고액은 다른 특별한 사정이 없으면 그 이후 설정되는 전세보증금보다 순위가 앞선다.

대항력을 갖춘 임대차 계약은 보증금을 우선 배당받을 권리가 있다. 하지만 신탁물건은 신탁회사에 소유권이 있으므로 신탁회사의 동의를 받지 못한 임차인은 보증금을 온전히 돌려받지 못할 우려가 크다. 위탁자에게 임대 권한이 있는지는 신탁원부에서 비로소 확인할 수 있다. 특히 임대 시 수탁자나 수익자 전원의 동의가 필요하다는 규정이나 전세보증금 납입 계좌가 따로 정해져 있는 경우도 있다.

소유권이 신탁에 의해서 보호되는 것이므로 압류 등의 각종 권리 설정 등이 배제가 되어서 재산권이 안전하게 보전·관리될 수 있어 채권관리가 용이하다. 대출금이 상환되지 않을 때, 저당권 설정 시에 장기간의 경락 지연 등으로 인해 비용 및 매각가의 하락이 예상된다. 그러나 담보 신탁의 경우 신탁회사가 공매 처리하게 되어 기간 단축은 물론이고, 상대적으로 고가의 매각도 가능하다.

우선수익자의 채권 회수금액은 신탁 부동산의 매각대금에서 우선수익권 한도 범위 내에서 이뤄진다. 담보신탁에 의한 대출금액은 통상 감정평가액의 50~60% 정도가 대출금액이다. 이 대출금액의 120~130% 정도가 담보가액이 된다. 신탁회사가 발행하는 수익권증서는 담보부채권으로 우선수익자의 지위를 증명하고 증거증권의 효력이 있다. 이곳에는 채권최고액이 표시된다.

| 신탁회사 현황 |

kb부동산신탁	한국토지신탁	아시아신탁
대한토지신탁	한국자산신탁	무궁화신탁
하나자산신탁	교보자산신탁	우리자산신탁
코리아신탁	코람코자산신탁	

출처 : 각 회사 홈페이지

처분신탁이란?

처분방식이나 절차에 어려움이 있는 고가의 대형 부동산들은 신탁회사에 의뢰하면, 일정 처분신탁 비용을 받고 부동산을 처분해준다. 그 처분대금을 수익자에게 교부하는 제도가 처분신탁이다.

처분신탁 등기된 부동산 위탁자를 채무자로 하는 채권자는 더 이상 신탁등기 후에 가처분이나 가압류, 압류 등의 등기를 할 수가 없기 때문에 소유권을 보전할 수 있다. 다만 채권자 등이 자신의 채권보전을 위해 위탁자와 수탁자에 대한 채권가압류를 할 수가 있다. 이때 배분잉여금(매각대금)에 대해서 수탁자는 가압류권자를 위해 공탁하게 된다. 이런 상황에 위탁자는 신탁계약을 해지할 수도 있다. 그러므로 채권가압류와 소유권 이전 청구권 가압류도 함께 하는 것도 좋은 방법이 될 수 있다.

공매와 경매 절차
간단 순서도

1. 공매 물건 입찰과 낙찰, 배분의 간단 순서도

국세나 지방세, 공과금 등의 체납으로 인한 압류 공매는 국가나 지방자치단체가 아닌 한국자산관리공사가 대행하도록 의뢰한다. 국세징수법 제61조에 의거, 한국자산관리공사의 공매 대행은 국가나 지방자치단체가 하는 것으로 본다.

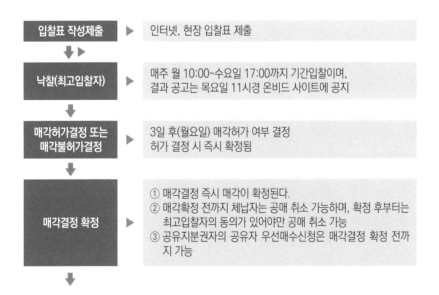

입찰표 작성제출	▶	인터넷, 현장 입찰표 제출
낙찰(최고입찰자)	▶	매주 월 10:00~수요일 17:00까지 기간입찰이며, 결과 공고는 목요일 11시경 온비드 사이트에 공지
매각허가결정 또는 매각불허가결정	▶	3일 후(월요일) 매각허가 여부 결정 허가 결정 시 즉시 확정됨
매각결정 확정	▶	① 매각결정 즉시 매각이 확정된다. ② 매각확정 전까지 체납자는 공매 취소 가능하며, 확정 후부터는 최고입찰자의 동의가 있어야만 공매 취소 가능 ③ 공유지분권자의 공유자 우선매수신청은 매각결정 확정 전까지 가능

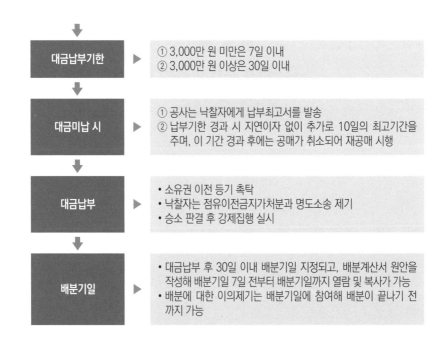

대금납부기한	▶	① 3,000만 원 미만은 7일 이내 ② 3,000만 원 이상은 30일 이내
대금미납 시	▶	① 공사는 낙찰자에게 납부최고서를 발송 ② 납부기한 경과 시 지연이자 없이 추가로 10일의 최고기간을 주며, 이 기간 경과 후에는 공매가 취소되어 재공매 시행
대금납부	▶	• 소유권 이전 등기 촉탁 • 낙찰자는 점유이전금지가처분과 명도소송 제기 • 승소 판결 후 강제집행 실시
배분기일	▶	• 대금납부 후 30일 이내 배분기일 지정되고, 배분계산서 원안을 작성해 배분기일 7일 전부터 배분기일까지 열람 및 복사가 가능 • 배분에 대한 이의제기는 배분기일에 참여해 배분이 끝나기 전 까지 가능

2. 경매 일반절차도

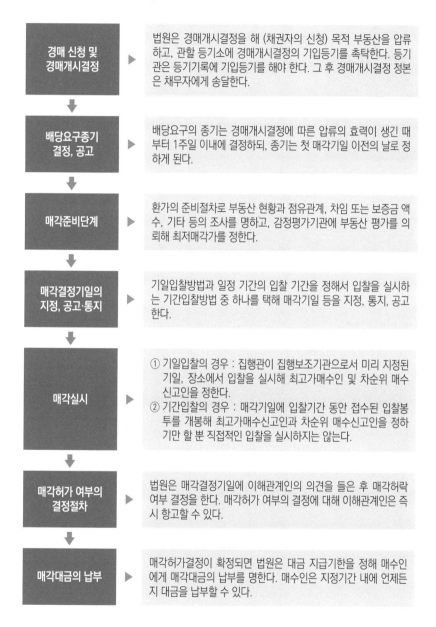

경매 신청 및 경매개시결정	법원은 경매개시결정을 해 (채권자의 신청) 목적 부동산을 압류하고, 관할 등기소에 경매개시결정의 기입등기를 촉탁한다. 등기관은 등기기록에 기입등기를 해야 한다. 그 후 경매개시결정 정본은 채무자에게 송달한다.
배당요구종기 결정, 공고	배당요구의 종기는 경매개시결정에 따른 압류의 효력이 생긴 때부터 1주일 이내에 결정하되, 종기는 첫 매각기일 이전의 날로 정하게 된다.
매각준비단계	환가의 준비절차로 부동산 현황과 점유관계, 차임 또는 보증금 액수, 기타 등의 조사를 명하고, 감정평가기관에 부동산 평가를 의뢰해 최저매각가를 정한다.
매각결정기일의 지정, 공고·통지	기일입찰방법과 일정 기간의 입찰 기간을 정해서 입찰을 실시하는 기간입찰방법 중 하나를 택해 매각기일 등을 지정, 통지, 공고한다.
매각실시	① 기일입찰의 경우 : 집행관이 집행보조기관으로서 미리 지정된 기일, 장소에서 입찰을 실시해 최고가매수인 및 차순위 매수신고인을 정한다. ② 기간입찰의 경우 : 매각기일에 입찰기간 동안 접수된 입찰봉투를 개봉해 최고가매수신고인과 차순위 매수신고인을 정하기만 할 뿐 직접적인 입찰을 실시하지는 않는다.
매각허가 여부의 결정절차	법원은 매각결정기일에 이해관계인의 의견을 들은 후 매각허가 여부 결정을 한다. 매각허가 여부의 결정에 대해 이해관계인은 즉시 항고할 수 있다.
매각대금의 납부	매각허가결정이 확정되면 법원은 대금 지급기한을 정해 매수인에게 매각대금의 납부를 명한다. 매수인은 지정기간 내에 언제든지 대금을 납부할 수 있다.

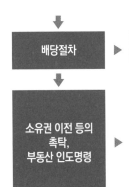

| 배당절차 | ▶ | 매수인이 대금을 완납하면 법원은 배당기일을 정해 이해관계인과 배당을 요구한 채권자에게 통지 후 배당한다. |

| 소유권 이전 등의 촉탁, 부동산 인도명령 | ▶ | 매수인은 매각허가결정이 선고된 후에는 매각 부동산의 관리명령을 신청할 수 있다. 또한, 대금 완납 후에는 인도명령을 신청할 수 있다. 매수인이 대금을 완납하면 부동산의 소유권을 취득하므로, 집행법원은 매수인으로부터 필요서류의 제출이 있게 되면 매수인을 위해 소유권 이전 등기, 매수인이 인수하지 않는 부동산상 부담의 말소등기를 등기관에게 촉탁하게 된다. |

PART 2

공매가
이렇게 쉬웠어?

공매 초보 1단계,
소액 투자 다세대주택을 공략하라!

1억 원 이하짜리 물건을 찾던 중에 인천시 미추홀구에 있는 방 3칸, 화장실 1칸짜리, 2층 다세대주택 물건을 발견했다. 감정가 1억 3,600만 원이었고, 7차인 최저입찰가 8,000만 원에서 210만 원을 더 주고 8,210만 원에 낙찰받았다. 이 물건으로 투자 잉여금을 2,000만 원 정도 남겨서 또 다른 투자를 할 수 있었다.

돈이 없어서 투자를 못 한다고 하는 사람들이 있다. "먹고살기도 힘든데 무슨 투자를 하느냐?", "돈이 있어야 투자를 하지!"라고 말하는 사람들도 있다. 투자하려면 자본금이 많아야 시작할 수 있고, 종잣돈이 많아야 투자를 할 수 있다고 말한다. 나 또한 예외는 아니었기 때문에 그 심정을 누구보다도 이해한다. 하지만 나도 적은 금액으로 시작하지 않았던가? 실제 투자를 해본 사람이라면 그렇게 말하지 않을 것이다. 투자에서 가장 중요한 게 돈 말고도 하겠다는 '의지'와 '실행'이라는 것을 모르는 사람들이 하는 말이다. 처음부터 잘하는 사람이 과연 얼마나 있을까? 투자에 대한 '공부'와 '실행'이라는 경험을 한 번도 안 해본 사람들은 적은 돈으로도 투자할 수 있다는 것을 잘 모른다.

미래 수익이 발생하는 좋은 대출을 이용하자

　요즘은 열심히 월급만 모아 저축만으로 집을 산다는 것은 현실적으로 대단히 어렵다. 투자를 잘하는 사람들은 남의 돈을 이용해 대출을 받아 집을 산다. 간혹 대출을 좋지 않게 보는 사람들도 있다. 갚을 능력만 된다면 이용하는 것이 좋다고 생각한다. 수익이 이자보다 많다면 좋은 대출이라 볼 수 있다. 부동산 경매, 공매는 경락잔금대출을 이용하면 된다. 일반대출은 KB시세 대비 60~70%(조정지역이나 투기과열지구 등은 40~50%, 고가주택은 대출 금지)로 대출이 나온다. 하지만 경락잔금대출은 감정가의 60% 또는 낙찰가의 80% 정도 기준으로 대출이 실행된다. 실제 부동산 가치(온비드의 감정가는 실제 부동산 가치와 차이가 있다고 가정하고 참고만 하는 것이 좋다) 대비 낮게 낙찰받을 수 있다면, 더 많은 대출과 함께 수익을 보장받을 수 있다. 이 점을 잘 활용하면 된다.

여러 차례 유찰된 다세대주택 단독낙찰받다

　앞서 말한 다세대주택은 7차에서 단독낙찰받았다. 여러 회차 유찰된 물건은 하자가 있을 수도 있고, 실제 가치가 낮을 수도 있어 그 어떤 물건보다도 꼼꼼한 권리와 시세분석이 필요하다. 왜 유찰이 많이 되었는지를 파악하고 입찰에 참여해야 투자 손실을 막을 수 있다.

　이 물건을 8,210만 원에 낙찰 후 1억 600만 원에 전세를 놓게 되었다. 실제로 투자금을 회수하고도 약 2,200여만 원의 투자 현금 잉여를 만들 수 있었다.

은행은 정부의 지침에 따라 대출 한도를 정하고 있다. 요즘은 부동산 억제를 위한 대출 규제로 더 어려운 상황인데, 대표적인 대출 규제 사항으로는 LTV(주택가 대비 대출비율)와 DTI(총부채상환비율) 두 가지 심사 기준을 적용하고 있다. 정부 정책이나 경제 상황에 따라서 수시로 변동할 수 있으니 잘 체크하고 활용해야겠다.

많은 자금을 투자해서 더 많은 수익을 보는 사람도 있겠지만 나는 그렇지 못했다. 그만큼 투자금도 많지 않았고, 내가 할 수 있는 범위 내에서는 최선을 다했다. 시간만 나면 인천, 경기, 지방으로 수없이 임장을 다녔고, 기회가 있으면 입찰을 했다.

부자는 돈이 아닌 '실행력'과 '정신력'이다. 투자에서 종잣돈은 중요하다. 하지만 그게 전부는 아니다. 부자가 되려면 부지런히 공부해야 한다. 가진 돈이 부족하다고 한탄하지 말고, 적은 투자금으로도 투자할 수 있는 물건을 찾아 나서면 된다. 투자금이 부족한 사람들은 일반매매 투자로 수익 창출이 힘들다. 그러므로 경매, 공매만의 장점을 충분히 활용하면 좋다. 지금은 금리 인상과 부동산 규제정책으로 대출이 조금 까다롭게 되었지만, 일반매매보다 경매, 공매를 적극적으로 활용하면 좋은 수익처가 될 것이다.

| 다세대주택 물건정보 |

출처 : 온비드

| 상세 현황도 |

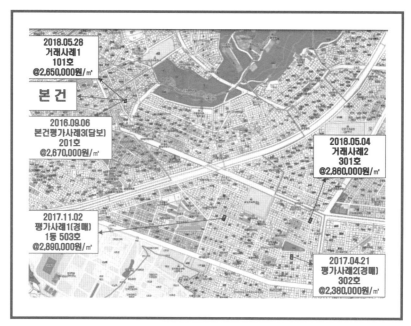

출처 : 온비드

출처 : 저자 작성

| 회차별 입찰정보 |

▌ 회차별 입찰 정보

입찰번호	회차/차수	구분	대금납부/납부기한	입찰기간	개찰일시	개찰장소	최저입찰가(원)
0003	001/001	인터넷	일시불/매매계약체결 일로부터 30일 이내	2019-07-01 10:00~ 2019-07-01 17:00	2019-07-02 09:00	온비드	136,000,000
0003	002/001	인터넷	일시불/매매계약체결 일로부터 30일 이내	2019-07-03 10:00~ 2019-07-03 17:00	2019-07-04 09:00	온비드	123,800,000
0003	003/001	인터넷	일시불/매매계약체결 일로부터 30일 이내	2019-07-05 10:00~ 2019-07-05 17:00	2019-07-08 09:00	온비드	112,700,000
0003	004/001	인터넷	일시불/매매계약체결 일로부터 30일 이내	2019-07-08 10:00~ 2019-07-08 17:00	2019-07-09 09:00	온비드	102,600,000
0003	005/001	인터넷	일시불/매매계약체결 일로부터 30일 이내	2019-07-10 10:00~ 2019-07-10 17:00	2019-07-11 09:00	온비드	93,400,000
0003	006/001	인터넷	일시불/매매계약체결 일로부터 30일 이내	2019-07-12 10:00~ 2019-07-12 17:00	2019-07-15 09:00	온비드	85,000,000
0003	007/001	인터넷	일시불/매매계약체결 일로부터 30일 이내	2019-07-15 10:00~ 2019-07-15 17:00	2019-07-16 09:00	온비드	80,000,000

| 상세 입찰결과 |

▌ 상세입찰결과

물건관리번호	2019-0100-░░░░	기관명	교보자산신탁(주)
물건명	인천광역시 미추홀구 용현동 ░░░░ 다세대주택		
공고번호	201906-20739-00	회차 / 차수	007 / 001
저분방식	매각	입찰방식/경쟁방식	최고가방식 / 일반경쟁
입찰기간	2019-07-15 10:00 ~ 2019-07-15 17:00	총액/단가	총액
개찰시작일시	2019-07-16 09:30	집행완료일시	2019-07-16 09:39
입찰자수	유효 1명 / 무효 0명(인터넷)		
입찰금액	비공개		
개찰결과	낙찰	낙찰금액	82,100,000원
감정가(최초 최저입찰가)	136,000,000원	최저입찰가	80,000,000원

| 대출 6,100만 원 실행 근저당권 설정(설정 금액은 120% 73,200,000원 설정) |

【 을 구 】 (소유권 이외의 권리에 관한 사항)				
순위번호	등 기 목 적	접 수	등 기 원 인	권리자 및 기타사항

1	근저당권설정	2019년8월19일
		제304052호
			2019년8월19일
			설정계약
				채권최고액 금73,200,000원
				채무자
				  인천
				  +30
				근저당권자 농협은행주식회사 110111-4809385
				  서울특별시 중구 통일로 120(중정로1가)
				  (청천동지점)

수입(전세보증금)	지출		현금잉여
106,000,000	낙찰가 제 비용(취득세 등) 계	82,100,000 1,803,200 83,903,200	22,096,800

| 해당 물건 임대계약서 사본 |

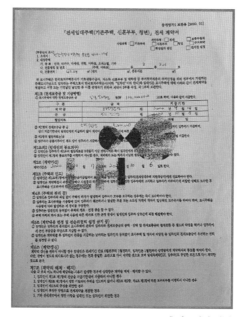

출처 : 저자 작성

위기가 기회다

사람들은 지금은 투자할 만한 타이밍이 아니라고 이야기한다. 경기가 안 좋아서 또는 상투 끝이라고, 이젠 너무 늦었다고, 못한다고 한다. 생각해보면 상황은 늘 안 좋았다. 그러나 나는 내가 할 수 있을 때가 기회라고 생각한다. 언제나 경기상황은 안 좋았고 1998년 IMF, 2008년 금융위기, 금리 인상, 이전 정부의 20여 차례의 부동산 규제정책, 세금 규제, 이런 것들 때문에 투자는 늘 어려웠다. 하지만 필자는 어떻게든 방법은 찾으면 있을 것이고, 그 틈을 고민하고 투자처를 찾으면 수익은 낼 수 있다고 생각한다. 꾸준히 하는 자만이 살아남을 수 있는 것이다.

부동산은 상승세를 타다가 하락세로 내려가기도 한다. 영원한 상승도, 영원한 하락도 없는 곳이 부동산 시장이기 때문이다. 정부가 부동산 시장 과열을 막기 위해 수많은 부동산 정책을 내놓고 있다. 고민은 되겠지만 그 정책에 맞춰 순응하며 나가면 되는 것이다. 투자는 순간만 바라봐서는 안 된다. 귀를 쫑긋 세워 정부 정책은 귀담아 듣되 조급해하지 말고 내 페이스대로 움직이면 나름의 꾸준한 소득을 올릴 수 있다.

부동산 시장은 늘 변화무쌍하다. 이럴 때일수록 부지런히 현장으로 임장을 다니면서 투자의 눈을 뜨고 있어야 한다. 이렇듯 실력을 키워나가다 보면 어디서든 수익을 창출할 기회를 얻게 될 것이다. 어떤 부동산 정책이 나오더라도 흔들리지 말고 부지런히 움직이고 공부해서 시장을 헤쳐 나가보자. 부동산 공매 투자는 기회이고, 부자가 될 수 있는 지름길이다.

부동산 시장은 돌고 돈다. 좋은 시절 다 갔다고 정부만 탓하는 사람들도 많다. 나는 흙수저라서 못하고, 비빌 언덕이 없어서 안 된다고 하고, 직장이 너무 바빠서, 시간이 없어서 안 된다고 하고, 늘 외부 탓으로 돌리는 사람들이 있다. 나는 외부 탓이 아니라 본인 탓이라 생각한다.

내가 변하지 않으면 아무것도 변하지 않는다. 부동산 시장만큼 나의 노력과 긍정의 힘이 크게 작용하는 곳도 없는 것 같다. 나는 할 수 있고, 해낼 수 있다는 긍정적인 마인드를 가져야 한다. 변화하는 부동산 시장을 늘 관심 있게 지켜보고, 거기에 맞춰 내가 함께 변해야 한다. 자기만의 투자 원칙을 가지고 움직여야 한다는 것이다. 군중 심리에 휩쓸리지 말고, 부동산 시장을 냉정하게 볼 줄도 알아야 한다. 누군가가 낙찰받았다고 해서 부러워하지 말고 나만의 루틴으로 행동하는 것이 좋다.

평범한 삶을 특별하게 만들어주는
공매에 빠지다

　이른 아침 5시. 따뜻한 커피 한잔으로 하루를 시작하며 유일하게 나에게만 집중할 수 있는 시간이다. 식구들이 깨지 않는 아침은 더욱 그렇다. 반복적인 일상에 쫓기느라 놓치기 쉬운 즐거움을 고스란히 느낄 수 있다. 성공하려면 바른 습관이 꼭 있어야 한다고 생각한다. 당연히 일찍 일어나고 열심히 일하는 것은 지치고 힘이 든다. 그러나 진심으로 좋아하는 일을 하면 그렇지 않다. 인생을 행복하게 만들 수 있다. 내가 선택한 아침 공매 여행은 하루를 행복하게 시작할 수 있는 내게 특별함을 주는 에너지다.

　물건을 찾아 인터넷으로 서울, 인천, 경기, 지방 등 전국을 누빈다. 매일 새로운 물건을 접할 수 있고, 기존에 있던 물건들도 다시 한번 확인할 수 있어서 좋다. 부동산 공매는 복잡해보이지만, 자신의 스타일을 찾아가다 보면 수익과 연결되기 때문에 매력적이다.

평범한 사람을 비범하게 만드는 꾸준함

공매는 일반인들이 접근하기가 어렵다고들 말한다. 나도 처음에는 헤매는 부분도 많았다. 어려운 권리분석도 해야 했고, 먼 거리도 마다하지 않고 임장을 가야 했다. 명도 부분에서 부딪히는 것도 많았고, 법적 용어들 또한 쉽지 않았다. 하지만 꼭 해내야 한다는 절실함이 있었기에 하루하루 한 걸음씩 전진하다 보니 가능하게 되었다. 용기가 없고 두려움을 극복하지 못 했을 때 포기라는 단어가 나오는 것이다.

꾸준하기란 누구에게나 어려운 일이다. 평범한 사람들은 작심삼일로 끝나는 경우가 많다. 특히 새로운 일을 시작할 때는 더욱 그렇다. 내가 과연 해낼 수 있을까? 처음에는 다짐하지만, 며칠 못 가 포기해버리기 일쑤다.

헬스클럽 관장님이 하는 말이 있다. 연초에는 사람들이 운동과 다이어트 계획을 다짐하고 헬스클럽 회원권을 등록하지만 오래가지 못하는 경우가 많다고 한다. 연초는 접수를 많이 해서 비좁을 정도로 헬스장이 꽉 차는데, 중순쯤 되면 언제 그랬냐는 듯이 한산하다는 것이다. 그만큼 꾸준하지 못하기 때문이다.

목표를 세울 때, 구체적인 항목을 정해야 한다. 목표를 정했다고 해서 저절로 이뤄지지는 않는다. 우선 왜 그 목표를 정했는지 동기를 깊이 생각하며 실행계획을 세워야 한다. 구체적인 항목과 실행계획이 없는 경우, 본인도 모르는 잠재의식 속에 실패라는 감정이 스며든다. 나약함과 게으름이 나를 포기와 실패의 길로 인도하는 것이다. 자신을 믿고 자신의 신념을 따라야 한다. 이른 아침에 일어나는 일을 꾸준하게 해보니 지속적인 힘이란 평범한 사람을 비범한 사람으로 바꾸는 강력한 힘이 있다는 것을 알았다. 노력이 없으면 아무 일도 일어나지 않는다.

내 인생의 중요한 터닝포인트

부동산 공매가 결코 쉽다고 말하는 것이 아니다. 입찰물건을 찾아 권리분석, 임장을 하고 입찰을 시도했는데 패찰하거나, 손해 보거나 수익이 적을 때는 수없이 낙담과 좌절을 했다. 열심히 해도 항상 잘되는 것은 아니다. 하지만 힘들 때마다 좌절할 수는 없다. 내가 변할 수 있다는 확신, 용기, 자존감이 있다면 내 현실을 바꿀 수 있고, 경제적으로 자유로워질 수 있다. 걱정만 해서는 내 삶은 변하지 않는다.

나를 변화시킬 수 있는 용기를 갖게 해준 내 인생의 중요한 터닝포인트가 두 번 있었다. 첫 번째는《아침 5시의 기적》의 저자인 제프 샌더스(Jeff Sanders)와 두 번째는 글쓰기에 입문하도록 물심양면 많은 도움을 주신 '한국책쓰기강사양성협회(이하 한책협)' 김태광 대표코치다.

그중 첫번째인 샌더스는 이렇게 말한다. "첫째 아침 5시는 차분하고 조용하며 평화로운 시간이고, 둘째 아침 5시는 자신이 삶의 주도권을 쥐고 있다는 것을 상징하며, 셋째 아침 5시는 무엇과도 바꿀 수 없는 자산이다" 그리고 "뚜렷한 목적이 있는 삶을 살면 눈앞에 무한한 기회가 열린다"라고 말한다. 다시 말해 "당신이 선택하는 시간에 매일 기적이 일어날 수 있다"라는 것이다.

아침 5시의 전문가가 되려면 아마추어 상태에서 벗어나 성공을 목표로 하는 세계로 들어서야 한다고 한다. 늘 정해 놓은 시간에 일어난다. 또한, 원하는 목표를 알고 있고, 이를 기필코 성취하기 위해 꼼꼼하게 계획을 세워 준비한다. 하루하루가 얼마나 소중한지 알기 때문에 전략적으로 보내려는 것이다. 아침 5시에 일어나면 내가 무엇을 해야 할지, 무엇부터 해야 할지, 망설이지 않고 할 수 있다. 온전히 나의 시간이기 때문에 아침 5시는 내게 있어 특별한 시간이다.

두 번째 터닝포인트는 '한책협'의 김 대표코치다. 부동산 공매를 하면서 내가 겪었던 경험들을 바탕으로 초보자를 위한 책을 쓰고 싶다는 막연한 꿈이 있었다. 용기가 없어 망설이고 있었다. 그러던 어느 날 유튜브 <김도사TV>와 책을 통해서 김 대표코치를 알게 되었다. 그는 "성공해서 책을 쓰는 것이 아니라 책을 써야 성공한다"라고 했다.

김 대표코치를 만나고 달라진 점은 바로 꿈이 생겼다는 것이다. 그전에는 내가 겪었던 어려움과 경험들이 사람들에게 도움을 줄 수 있을 거라고는 생각하지 못했다. 그런데 김 대표코치를 알게 되면서 구체적으로 꿈을 그리게 되었다. 내가 겪었던 일들이 모여 이 책으로 많은 사람에게 기적을 만들고 희망을 줄 수 있다는 꿈이다.

출판사와 출판 계약을 하게 되었고, 막연했던 나의 꿈을 이룰 수 있었다. 그리고 책을 쓰는 과정을 거치다 보니 내 안의 지혜가 정립되는 것을 느낄 수 있었다. 그리고 그 지혜는 쓰면 쓸수록 빛을 발하게 되었다.

우리에게 멘토가 필요한 이유는 있다. 자신이 가야 할 방향을 모르고 방황할 때 방향등을 켜주기 때문이다. 누구나 후회와 실수를 반복하며 살아간다. 그러므로 그 실수를 조금 줄이고 바른길로 갈 수 있게 해주는 사람이 진정한 멘토다.

경매 아닌 공매로도
눈을 돌려보자

　누구나 쉽게 참여할 수 있다고 해서 쉽게 생각하거나 섣불리 투자에 나서는 것은 위험하다. 물론 실행력 또한 중요한 부분이다. 하지만 거기에는 반드시 공부와 꾸준한 노력이 필요하다. 공매가 경매와 같이 현장 입찰의 번거로움은 적지만, 입찰가를 판단하기란 그리 쉬운 것만은 아니기 때문이다. 적절한 입찰가를 선정하는 것은 본인의 판단과 결과로 본인의 몫이기 때문에 신중하게 판단해야 한다. 숨어 있는 권리들과 물건의 하자 여부를 찾아내는 것은 어디까지나 투자자 몫으로 남기 때문이다.

　공매의 70%를 차지하는 압류 공매는 명도 책임이 매수인에게 있다. 대항력 있는 임차인이나 전 소유자 등의 점유자가 있어 협의로 원활하게 명도가 이뤄지지 않는다면, 명도소송으로 해결해야 할 경우도 발생할 수 있다. 따라서 등기사항전부증명서(구 등기부등본)와 이 외의 대항력 있는 임차권 등 부동산상 권리분석은 투자자 스스로가 철저하게 분석해야 한다.

　공매는 입찰이 진행되는 과정에서도 취소되는 경우가 흔하다. 특히 압류재산의 경우 세금 미납으로 강제 처분된다. 체납자가 공매 진행 중

세금을 납부하면 바로 매각 취소되기도 한다. 온비드 사이트를 통한 공매물건은 매각 기간마다 조금씩 다르기 때문에 대금납부 조건이 다르기도 하고, 계약조건이 다를 수가 있다. 입찰 전 내용을 잘 파악하고 꼼꼼히 살피는 것도 중요하다.

공매는 정부나 지방자치단체, 공공기관 등이 압류한 물건들을 공개적으로 강제 매각하는 절차다. 입찰가에 최고가를 써낸 사람에게 매각하는 방식으로 경매와 유사하다. 다만 경매는 개인 간의 채무에 의해, 공매는 국가기관과 개인 간의 채무 관계에서 비롯된다는 점이 다르다. 경매가 부동산을 시세보다 싸게 취득할 수 있는 방식이라고 하지만, 경매의 대중화로 경쟁률이 높아짐에 따라 낙찰가 또한 점점 높아져 가고 있다.

따라서 경매보다 덜 알려진 공매로 눈길을 돌리는 투자자들이 점차 늘고 있다. 관심을 두고 꾸준히 공부하고 도전한다면 좋은 결과가 주어질 것이다. 경매만 고집하지 말고, 공매로 눈길을 돌려보는 것도 좋다.

경매 이해하기

경매 절차를 순서대로 살펴보면 다음과 같다.

1. 법원 위치를 파악하고 준비해야 한다. 법원은 지역마다 다르고 여러 군데 있기 때문에 늘 확인하는 습관을 들이는 것이 좋다.
2. 경매 날짜와 시간을 잘 알아야 한다. 내가 입찰할 물건이 언제인지 시간을 파악해서 미리 스케줄을 잡아야 한다. 부득이한 경우가 생기는 경우 대리인을 보내야 하기 때문이다.

3. 보증금은 보통 최저가의 10%이지만 20~30%일 때도 있다. 미리 준비해야 한다. 준비물은 본인의 신분증, 도장, 보증금 그리고 나머지 서류다. 서류는 입찰장에 가면 구비되어 있다. 보증금은 수표 1장으로 준비해서 간다. 부득이한 경우 법원 1층에 가면 은행이 있으니 서둘러 가서 준비할 수도 있다.

본인 입찰 시 필요한 서류는 매수신청보증봉투, 기일입찰표, 입찰봉투가 있다. 매수신청보증봉투는 보증금을 넣는 봉투다. 기입입찰표는 보증 금액, 입찰가 그리고 본인의 정보를 작성하는 서류다. 입찰봉투는 매수신청보증봉투와 기일입찰표를 담는 봉투다.

경매에 입찰하기 위해서는 물건 검색을 해야 한다. 인터넷에서 물건을 찾는 방법은 크게 두 가지로 볼 수 있다.

첫째, 대법원 경매 정보에서부터 시작한다. 전국의 모든 물건을 사용료 없이 무료로 검색할 수 있다. 하지만 권리검색에 대한 파악은 직접 입찰자가 분석해야 하는 단점이 있다. 중요한 정보를 파악하는 데는 어려운 점이 있다.

둘째, 민간정보 인터넷사이트에서도 경매 정보를 찾을 수 있다. 모든 민간정보업체에서 제공하는 경매 물건에 대한 정보는 대법원에서 기본으로 정보를 제공해주는 것 외에 입찰정보에 관한 물건분석, 권리분석, 수익성 분석 등 기본적 분석 외에도 유사 경매 물건이나 낙찰사례, 매각가율, 실거래 시세 등 다양한 검색 기능을 통해 법원 정보에서 부족한 부분들을 사용자들에게 유료로 제공하고 있다.

대부분 경매인은 인터넷 경매 정보와 유료로 운영하는 사설정보업체가 제공하는 정보로 다양하고 정확한 효율성까지 높일 수 있어 이 두 가지를 이용한다. 경매 과정은 경매 물건을 선정하고, 권리분석을 한 후 현장조사를 통해 적정한 입찰가를 결정하면 된다. 입찰하고 낙찰이 되면 대금납부를 하고, 명도과정을 거쳐 취득 목적에 따라 입주를 하거나, 임대를 놓거나, 매각하면 된다.

당신이 공매를
모르는 이유

    부동산 투자가 인기 있는 이유가 분명 있을 것이다. 많은 사람이 이른 아침 지하철, 버스, 자동차를 타고 회사에 출근한다. 본인이 몸소 발로 뛰어다니며 노동을 하거나, 그 결과에 따라서 월급을 받고 생활한다. 하지만 부동산 투자는 다르다. 다양한 방법으로 높은 수익률을 기대하고, 권리분석을 하거나 확실한 임장으로 부동산을 취득 후 잔금을 지급하고 소유권을 얻는다. 이후에 원하는 수익률이 나올 때까지 기다리거나, 매달 안정적인 임대 수익까지도 기대할 수 있다. 해본 사람은 처음 투자하기가 어렵지, 양도차익이나 임대소득을 경험해보고 나면 효율적이고도 쏠쏠한 수익률에 계속해서 투자를 이어나갈 것이다.

    부동산이 주는 혜택은 크다. 그런데 많은 사람은 그 부동산이 본인에게 어떤 영향을 미치는지 모르는 경우도 있다. 투자는 어떻게 해야 하고, 어떻게 수익을 내는지 엄두도 못 내는 사람들이 많다는 것을 알게 되었다. 투자하고 싶어도 쉽게 접근하지 못하는 일반인들이 많다는 것이다. 부동산 공매를 알기 전에 나도 같은 마음이었기에 그 심정을 누구보다도 잘 알 것 같다. 일단 부동산 공매하면 단어부터가 생소하다. 그만큼 공매는 나에게도 충격, 그 자체였기 때문에 '좀 더 빨리 알았더라면' 하는 아쉬움이 있었지만 나는 늦지 않았다고 생각한다. 지금 시작할 때가 가장 빠를 때라고 말하지 않았던가?

한때 나는 부동산 투자를 투기라고 비난하기도 했다. 하지만 지금은 금융권의 부실화된 대출채권을 처리해주는 금융 부분의 청소부라고 생각한다. 조금 거창하지만, 국가금융경제 건전화에 일부 이바지한다고 자부심을 가질 만도 하다. 경매나 공매로 취득한 부동산을 통해 수익을 올리는 것이 지금은 결코 투기라고 할 수가 없는 것이다.

공매를 그냥 아는 것과 실천해보는 것은 하늘과 땅 차이

전자입찰참여라고 해서 쉽게 생각하고 섣불리 투자에 나서는 것은 금물이다. 경매처럼 현장입찰의 번거로움은 없지만, 현장 분위기나 적정한 입찰가를 판단하기 어렵다는 단점도 있다. 또 공매는 숨어 있는 권리·물건상 하자 여부를 찾아내는 것은 어디까지나 투자자 몫으로 고스란히 남기 때문에 어려운 점은 있다. 공매의 70% 이상을 차지하는 압류 재산(세금·공과금 등의 체납으로 인한 공매)의 경우, 명도 책임이 매수인에게 있다는 점도 놓쳐서는 안 된다. 특히 대항력 있는 임차인 등 소유자 외의 점유자가 있다면 명도소송을 진행해야 하므로 특히 주의해야 한다. 따라서 등기사항전부증명서 내 권리분석은 투자자 스스로 철저히 확인해야 한다.

공매를 그냥 아는 것과 실천해보는 것은 하늘과 땅 차이다. 처음에는 누구나 어렵다. 처음부터 쉬운 사람이 있을까? 자동차 운전을 해본 사람은 경험했을 것이다. 운전면허증을 취득하고 도로 주행할 때 처음부터 잘 달리는 사람은 없다. 무섭고 두려워 끼어들기를 못해 목적지에 한참 뒤에야 도착하기도 하고 사고도 일으킨다. 그러므로 꾸준한 공부와 노력을 해야 한다.

나는 부동산 공매를 선택했고, 지금도 진행 중이다

세상은 늘 변하고 바뀐다. 투자 방법도 부동산 정책이나 경기상황에 따라 바뀐다. 그렇다면 내 투자 방법도 바꿔야 한다. 지속해서 할 수 있고 즐겁게 할 수 있도록 스스로 헤쳐나가야 한다는 것이다. 나는 실패의 힘을 믿고 있다. 실패를 무서워하고 두려워만 했다면 아무것도 못 했을 것이다. 수없이 패찰도 해보고 낙담도 해보며 시행착오를 겪으면서 또 다른 방법이 있다는 것을 알았다. 패찰하고 나면 권리분석을 잘못했나 주눅이 들었다. 다른 사람들이 나만 쳐다보는 것만 같았다. 서둘러 법원을 빠져나오던 내가 그 많은 패찰로 경험과 지식이 쌓여가고 있었다는 것을 나중에야 알았다.

나는 경제적 자유를 꿈꾸는 사람으로서 부동산 공매를 선택했다. 여러 부동산 투자 방법 중에 공매를 선택한 이유가 있다. 부동산을 시세보다 싸게 살 수 있고, 경매와 마찬가지로 경기상황에 따라 가격이 내려가거나 유찰되는 시스템 때문에 이러한 점을 잘 이용하면 시세보다 훨씬 저렴하게 낙찰받을 수 있기 때문이다. 아무도 입찰에 참여하지 않아 여러 차례 유찰된 물건들도 있다. 그런 물건들은 낮은 가격으로 낙찰되어 시세차익을 보게 된다. 공매의 특징을 잘 활용하면 시세보다 훨씬 싸게 살 수 있는 것이다. 공매는 회사에 다니더라도 얼마든지 병행할 수 있다. 평일에는 틈틈이 공부하고 주말에는 임장을 다니면서 충분히 할 수 있는 일이다.

요즘 현대인들은 스트레스를 너무도 많이 받고 있다. 직장에서 온종일 일하느라 바쁘고, 집에서는 또 누워서 TV를 보거나 스마트폰을 보고 나서 피곤하다고 이야기한다. 직장 다니느라 바빠서 시간이 없고, 회사일에 쫓기느라 아무것도 못 한다는 사람들을 많이 봤다. 내가 아는 친구도 늘 같은 소리다. 뭐가 그리 바쁜지, 매일 바쁘다고 한다. 하지만 회사일에 늘 바쁘게 살면서도 부지런한 사람들도 많다. 취미생활도 하고 새벽에 공부하는 사람, 운동하는 사람, 바쁘게 움직이는 사람들은 열정도 있고 목표도 있다. 얼마든지 병행할 수 있는데 말이다.

공매만의 매력

무엇보다 공매의 가장 큰 장점은 높은 신뢰도일 것이다. 공개경쟁입찰방식을 통해 진행되기 때문에 입찰 과정이 투명하다. 또한, 낙찰될 때까지 가격을 낮추는 체감입찰방식이다. 일반 경매보다 낮은 가격에 입찰할 수 있고 부동산뿐만 아니라 명품 가방, 자동차, 카메라, 귀금속 등 일상제품까지도 만나볼 수 있다. 공매 입찰에 부쳐 최고가를 써낸 사람에게 매각하는 거래 방식이 경매 방식과 유사하다. 다만 경매는 개인 간의 채무에 의해, 공매는 정부나 지방자치단체, 공공기관 등이 압류한 물건들을 공개적으로 강제 매각하는 점이 다르다. 경매는 부동산을 시세보다 저렴하게 취득하는 방식이다. 하지만 지금은 대중화로 경쟁률과 낙찰가가 높아져 접근하기는 쉽지만, 낙찰받기가 어렵다. 상대적으로 덜 알려진 '공매'로 눈길을 돌리는 사람들이 지금은 늘어가고 있다. 관심을 두고 접근한다면 충분한 매력이 있다는 것을 알 수 있을 것이다.

공매가 경매보다
좋은 이유

한 번이라도 입찰하러 법원에 가본 경험이 있는 사람이라면 공감할 것이다. 청년부터 시작해서 남녀노소 다양한 사람들이 모두 참여하는 곳이 경매 시장이다. 소박한 투자의 꿈을 안고 참가하는 소액 투자자, 내 집, 내 상가를 마련하려는 실수요자, 매년 수천 명씩 쏟아지는 경매 강의 수강생과 더불어 각종 컨설팅업체까지 참여하는 입찰 법정을 가보면 시장을 방불케 하니 경매가 너무도 대중화가 된 것은 사실이다. 경매 시장으로 사람들이 몰릴수록 낙찰가는 올라가고, 아무래도 수익률은 떨어지기 때문에 투자자들에게는 좋은 상황만은 아니다.

사람들이 너무 많아 복잡한 경매 법정과는 다르게 공매는 온라인으로 입찰을 할 수 있다는 사실이 내게는 놀라움 그 자체였다. 요즘은 코로나19로 인해 신경들이 날카로워져 있고, 사회적 거리 두기로 인해 경매보다는 온라인으로 할 수 있는 공매가 더욱 매력적이다. 경매 법정에 가려면 주차부터 시작해서 본인 차례가 올 때까지 입찰 현장에서 기다려야 한다. 또한, 보증금 준비를 위한 은행 방문 등까지 감안한다면 온라인 입찰은 너무도 간편하다.

내게 맞는 투자 방법을 선택하자

한 가지 투자 방법만 고집할 필요는 없다. 다양하게 접해 보는 것도 좋다. 나는 경매 시장으로 사람들이 몰린다 싶으면 공매를 중심적으로 더 열심히 했다. 이렇듯 경매와 공매를 함께 접하다 보니 경매와 공매와의 차이점을 분명히 알게 되었다. 공매가 좀 더 적성에 맞는다는 생각이 들었다. 지금은 거의 공매를 한다. 각자 맞는 투자 방법을 찾으면 되는 것이다.

차이점은 분명히 있다. 경매는 유료사이트에서 채권자, 채무자, 예상 배당표 및 권리분석을 통한 인수·소멸 여부까지 모든 것을 한눈에 알아볼 수 있게 자료 정리가 잘되어 있어 편리하다. 이 점이 공매와는 조금 다르다. 요즘은 공매도 많이 보편화되어서 진행절차나 공매 재산명세서를 통해 배분 요구 여부와 그 금액을 더욱 손쉽게 파악할 수 있고, 점유 관계도 감정평가서를 통해 표시되어 있어 입찰에 필요한 정보수집이 많이 편리해졌다.

명도소송 등의 부담 때문에 아직도 공매는 경매보다 블루오션으로 통한다. 나 같은 경우에는 수익률로 따지면 공매가 더욱 많은 수익을 가져다주었다. 물론 공매는 경매처럼 인도명령제도가 없어서 최악의 경우 명도소송으로 진행해야 하는 심리적 부담은 있다. 하지만 낙찰 물건 중 아직 실제 소송 건으로 간 경우는 아직 없었다. 점유자의 마음을 이해하고 힘든 부분을 풀어 줄 수 있다면, 명도는 그렇게 어렵지 않은 부분이며 합의를 통해 원만하게 해결되었다. 특히 초보자들은 이 부분에서 도전하기를 꺼리고, 그 덕분에 경쟁률이 낮아져 그만큼 경매보다 낙찰받기 수월한 것이다.

부동산 공매 입찰의 편리성

공매는 온비드(www.onbid.co.kr)를 통해서 입찰한다. 스마트폰이나 컴퓨터가 있는 곳이라면 어디서든지 입찰할 수 있기 때문에 경매처럼 해당 법원에 입찰하러 가야 하는 입찰절차보다 간편하다는 장점이 있다. 압류 공매인 경우는 보통 입찰 기간이 월요일 오전 10시부터 시작해서 수요일 오후 5시이기 때문에, 이 기간에는 언제든지 입찰할 수 있다. 바쁜 직장이거나 주부들도 얼마든지 입찰 참여가 가능하다.

신탁 공매 같은 경우는 압류 공매와는 조금 다르게 매일 월요일부터 금요일까지 10시부터 오후 5시까지 입찰할 수 있다. 그러므로 본인이 원하는 회차의 금액대를 선택해서 입찰하면 된다. 공매는 진행하는 기관마다 매각조건이 조금씩 다를 수 있으므로 그에 따라 입찰 시기도 조금씩 다를 수 있다.

입찰은 해당 물건에 온라인으로 입찰금액을 적어서 제출하고 실제 입찰가의 10% 이상의 해당하는 금액을 해당 온비드에서 지정해주는 가상계좌로 입금하면 되는 방식이다. 즉 최저입찰가가 7,000만 원, 실제 입찰가가 7,500만 원일 경우 입찰보증금은 실제 입찰가의 10%인 750만 원을 현금이나 자기앞수표 등으로 납부하는 것이다.

구분	경매	공매	참고
1차	100,000,000	100,000,000	• 서울과 부산지역 법원은 1회 유찰 시마다 입찰가를 20%씩 감액하며, 기타지역은 30%씩 감액함. • 경매는 최저입찰가의 10%를 입찰 보증금으로 납부해야 함.
2차	80,000,000	90,000,000	
3차	64,000,000	80,000,000	
4차	51,200,000	70,000,000	
실제 입찰가	55,000,000	75,000,000	
입찰보증금	5,120,000	7,500,000	
차이점	최저입찰가의 10%	실제 입찰가의 10%	

압류 공매의 경우 수요일 오후 5시에 마감하면 다음 날 목요일 11시에 개찰이 시작하는데, 입찰결과는 온비드 사이트에서 확인할 수 있다. 최고가 매수신청인이 되면 공매 보증금은 반환되지 않고, 최고가 매수신청인을 제외한 다른 매수신청인이 납부한 공매 보증금은 지정된 반환계좌로 반환된다. 최고가 매수신청인이 되면 개찰일의 다음주 월요일 오전 10시 매각결정기일에 최고가 매수신청인을 매수인으로 정해 매각결정을 한다. 이 모든 사항은 온비드 사이트에서 확인할 수 있다. 신탁공매 같은 경우에는 담당자와 5일 안에 매매계약서를 작성하면 된다. 계약서 작성은 신탁사 사무실에서 공동으로 작성하나 가끔은 신탁사에서 매매계약서를 2부 작성해서 날인 후 매수인에게 우편송부 후 매수인이 도장만 날인 후 1부를 회송하는 경우도 있다.

공매가 경매보다 좋은 아홉 가지 이유

1. 공매는 현장입찰이 아닌 인터넷으로 입찰할 수 있다.

공매는 경매와 같이 해당 법원이 아닌 인터넷 온비드로 접속해서 입찰하는 방식이다. 시간이 부족한 직장인도 방해가 되지 않은 선에서 월요일 10시에서 수요일 오후 5시까지 언제든지 입찰할 수 있으므로 가능한 시간대에 입찰하면 된다. 이같이 공매는 시간과 장소를 구분하지 않으므로 편한 시간대에 입찰하면 된다. 경매처럼 현장 분위기에 따라 휩쓸리지 않고 객관적인 결정을 할 수 있다. 나는 이 부분에서 공매의 매력을 느꼈다.

2. 경매보다 입찰참여 비용이 적게 든다.

공매는 24시간 언제라도 입찰에 참여할 수 있어서 경매보다는 비용이 적게 든다. 경매는 해당 법원으로 가야 하는 번거로움과 현장입찰 참여로 직장인이나 바쁜 현대인들이 입찰하기 위해서는 휴가 등 시간을 내야 하는 어려움을 감수해야 한다. 공매는 시간적, 경제적 비용을 절감할 수 있다.

3. 경매보다 매각절차가 신속하게 진행된다.

보통 월요일부터 수요일까지 기간입찰하며 목요일 11시쯤 낙찰결과를 확인할 수 있다. 경매는 매각물건에 입찰자가 없어서 유찰되면 다음 입찰일까지 1개월이란 시간이 소요되지만, 공매는 대부분이 1주일 단위로 진행되고, 빠르면 1일로 진행될 때도 있다. 대부분 공매 물건은 한 달 안에 매각절차가 마무리되기 때문에 늘 관심 있게 주시하고 있어야 한다.

4. 잔금 납부에 유리하다.

세금 외에 다른 채무가 동시에 있을 때는 경매와 공매가 함께 진행되는 경우가 흔히 있다. 이 경우 경매보다는 공매로 낙찰받은 사람이 유리하다. 경매는 낙찰을 받더라도 매각허가결정이 1주일(보통 7~8일) 후에야 나오고 잔금 납부기일이 정해진다. 그런데 공매는 목요일 11시경 낙찰이 확인된 후 다음 주 월요일 매각허가결정이 나고 바로 잔금 납부를 할 수 있다. 특히, 탐나는 물건의 경우 공매로 낙찰받은 사람이 먼저 잔금을 납부하면, 경매에서 해당 물건을 먼저 낙찰받더라도 경매로 낙찰받은 것은 취소되기 때문이다.

5. 공매는 경매보다 낮은 경쟁률로 물건을 싸게 낙찰받을 수 있다.

공매는 경매보다 상대적으로 입찰자가 적어서 낮은 가격으로 부동산을 취득할 수 있다. 경매보다 정보도 부족하고 아직 활성화되어 알려지지 않은 상태라서 일반인들은 꺼리는 사람들이 많아 경쟁이 덜한 편이다. 다만 유료사이트에서 권리분석이 부실한 경우도 있어 스스로 분석할 수 있는 능력을 갖춰야 한다.

6. 대금납부기한과 납부최고기한에 대한 지연이자가 없다.

경매의 대금납부기한은 매각결정이 확정된 날로부터 30일이 주어진다. 그 기간 내에 납부하지 않으면 20%의 지연이자가 붙기 때문에 미리 준비하고 있어야 한다. 하지만 공매는 최장 10일간의 여유를 주고, 지연이자 없이 납부가 가능하다.

7. 낙찰 매수인이 잔금 미납해도 다음 공매에서 참여할 수 있다.

경매에서는 낙찰자가 낙찰 후 잔금을 미납하게 되면, 해당 물건의 재경매에서 입찰자격이 제한되나 공매에서는 참여할 수 있다.

8. 공매 물건은 종류가 다양하며 매각 공매와 임대 공매가 있다.

토지, 건물, APT, 연립주택, 다세대주택, 자동차, 기계, 유가증권, 귀금속, 미술품, 상가, 매점, 기타 임대 부동산 및 물품 등 다양하다. 공매 물건은 부동산부터 동산까지 다양한 물건들이 있고, 매각 공매와 임대 공매(대부 공매)물건으로 이뤄져 있다. 공매에서 가장 많은 분야를 차지하는 것은 당연히 부동산 매각대상 물건이고, 그중에서 아파트나 빌라 주거용 물건들이 인기가 많다.

9. 경매보다 수익률이 좋은 경우가 많다.

보통 경매보다 10~15% 정도 싸게 낙찰된다. 공매의 목적은 이익 창출에 있다. 왜냐하면 무조건 싸게 살 수 있기 때문이다. 하지만 오해하지 말기 바란다. 누구나 공매 시장을 알고 있다고 해서 투자에 성공하는 것은 아니다. 제대로 알고 투자를 해야 하고 꾸준한 노력은 필요하다는 것이다.

공매가 경매보다 나쁜 세 가지 이유

1. 명도에서 공매가 경매보다 힘들 수 있다.

명도의 기본은 점유자나 소유자와의 성실한 협의에 있다. 하지만 낙찰과 동시에 인도명령을 청구해 바로 점유자를 내보낼 수 있는 강력한 무기를 가진 경매에 비해 공매는 명도소송을 거쳐야 함으로써 불필요한 시간과 비용을 초래할 수 있다.

2. 물건의 종류와 수가 적고, 그것도 취하되는 경우가 많다.

공매의 경우는 대개 그 수량이 적다. 또한 공매에 나오는 물건이 소유주가 공매 중에 연체된 국세나 공과금 등을 일부라도 변제하면 공공기관에서는 공매를 취하해주고 있다. 공매의 물건은 경매보다 약 10분의 1로 적다.

3. 경매보다 대체로 현황조사서가 부실한 경우가 많다.

공매는 건축물 현황이나 전입세대 관련 점유현황 등 경매보다 자료가 부실한 경우가 많다. 이 부분이 일반인들이 공매에 참여하기 꺼리게 만드는 요인이 될 수도 있으나 나는 이것이 오히려 경쟁률을 낮춰줘서 내가 열심히 공부하고 조사하면 더 많은 수익을 낼 수 있는 사항이기도 해서 더 긍정적인 요인으로 받아들인다.

구분		공매(압류자산)	경매
관련법		국세징수법	민사집행법
집행기관		한국자산관리공사	법원
법률적 성격		공법상의 행정처분	사인 간의 채권, 채무를 국가 공권력이 개입해 정리
입찰보증금		입찰가의 10%	최저경매가의 10%
매각예정가 체감		• 1차 공매예정가의 50%를 한도로 매회 1차 공매예정가의 10%씩 체감 • 50% 체감 시는 위임관서와 협의 새로운 공매 예정가 결정 • 1주일에 한 번씩 진행	• 통상 전차 가격의 20~30%씩 체감 • 약 1달에 한 번씩 진행
입찰방식		기간입찰(인터넷), 현장입찰	기일입찰, 기간입찰(우편)
농지취득자격 증명 제출시기		• 자산관리공사에 소유권 이전 등기 촉탁 신청 시 • 매각결정 취소가 없으며 보증금 유지	낙찰허가 결정 전 (미제출자 낙찰 불허)
잔금 미납 시 입찰보증금 처리		국고, 지방자치단체에 귀속	배당할 금액에 포함.
대금 미납 전 낙찰자 매수자격 제한		매수제한 규정 없음(입찰 가능).	매수제한(입찰 불가)
대금납부 기한		매각결정일로부터 • 3,000만 원 미만 : 7일 이내 • 3,000만 원 초과 : 30일 이내	낙찰허가결정 후 통상 1개월 이내
대금납부 촉구 제도		• 촉구(최고)일로부터 10일 • 지연이자 없음.	촉구제도 없으며 재매각 진행 재매각기일 3일 전까지 지연이자 납부 후 소유권 등기 가능
대금납부 촉구 기한 경과 후		재공매 진행	촉구(최고)제도 없음.
공유자 우선 매수	매수 신청	매각결정일 전까지 해당 집행기관 서면신청	개찰 당일 현장 경매 법정에서 구두신청 후 서면 제출
	보증금	매각결정일 전까지 납부	현장에서 즉시 납부
상계제도 (*채권자의 배당금과 매수자의 낙찰대금납부 의무 간 상계)		불인정	인정 (매각결정기일까지 신청)
일반 채권자와의 배당 관계		보호받을 방법이 없음.	일정한 경우(배당요구 등) 권리실현 가능
명도 책임		매수자	매수자
채무자 임차인의 명도		명도소송	인도명령 (대금납부 후 6개월 이내)
기타		진행 중 취하변경이 많고, 법정지상권 관련, 지분 관련 물건이 많음.	

공매,
어떻게 시작하는 걸까?

공매는 한국자산관리공사의 전자입찰시스템 온비드(ondid.co.kr)에서 진행된다. 공매 물건은 세금체납, 벌금 징수 등에 따라 압류한 재산이나, 각 관공서에서 사용 연수가 지난 국·공유 재산 등이 나온다.

온비드에 참여하는 방식은 비교적 간단하다. 네이버 검색창 또는 검색할 수 있는 사이트에 들어가서 '온비드'라고 검색을 한다. 온비드 사이트에서 회원가입 후 공인인증서를 등록한다. 그리고 원하는 물건을 찾으면 된다. 검색은 간편하게 부동산, 명품가방, 시계, 자동차, 골프 회원권 등 직접적인 이름으로 검색해도 된다. 스마트폰 앱을 이용해도 좋다. 물건을 찾았다면 금액과 유찰 시 보증금을 환불받을 계좌를 입력해 제출하면 된다. 다만 압류재산 입찰에는 최저매각예정가의 10%를 입찰보증금으로 내야 한다. 보증금은 인터넷 입찰 마감 시간 전까지 납부해야 한다. 보증금을 납부하지 않으면 입찰 취소 문자가 온다. 낙찰자 선정과 결과 확인은 나의 온비드, SMS로 받아볼 수 있다.

1. 온비드 회원가입 및 공인인증서 등록절차

한국자산관리공사 온비드 사이트를 이용하기 위해서는 온비드에 회원가입 후 거래은행에서 인터넷뱅킹 신청과 공인인증기관에서 범용으로 공인인증서를 발급(4,400원 비용 발생)받고 자신의 컴퓨터 또는 휴대용 USB에 저장한다.

온비드에서 공인인증서 등록절차를 마치면, 언제든지 온비드 사이트에 접속해서 열람은 물론, 입찰참여가 가능하다. 익혀 두기만 하면 쉽게 접근할 수 있다. 기존에 범용으로 공인인증서를 가지고 있다면 또다시 발급받을 필요 없이 그것으로도 온비드에 등록해서 사용하면 된다.

요즘은 개인정보수집 정책 변경으로 인한 회원정보 전환에 따른 본인 인증 절차를 거쳐야 이용할 수 있다. 기존회원은 아이디나 비밀번호 로그인 후 휴대폰 또는 I-PIN 인증 후 정상계정 전환이 되며, 신규회원은 휴대폰 또는 I-PIN을 통한 본인확인 후 회원가입이 가능하다.

| 온비드 회원가입 페이지 |

출처 : 온비드

2. 공매 물건을 종류별로 검색하는 방법

온비드 홈페이지에서 로그인하면 다음과 같은 화면을 볼 수 있다.

| 온비드 로그인 페이지 |

출처 : 온비드

온비드 홈페이지에서 다음과 같이 다양한 공매 물건 검색 방법을 확인해볼 수 있다. 온비드 화면에서는 통합 검색 방법, 용도별 검색, 기관별 물건 검색 방법 등으로 입찰하고자 하는 물건들을 검색할 수 있다. 이 중에서 통합 검색 방법, 용도별 검색 방법이 자주 이용하는 방법이므로 이 방법으로 물건들을 찾으면 될 것이다.

온비드에서 통합 검색 방법을 통한 물건 검색하는 방법은 다음과 같다.

통합 검색란에서 물건지 소재지, 관리번호, 물건명, 기관명 등을 입력해서 다음과 같이 물건을 검색할 수 있다.

차례대로 원하는 물건을 검색하면 된다. 온비드 사이트에 들어가서 입찰정보내역과 공매 재산명세서, 등기사항전부증명서와 건축물대장 등을 통한 권리분석과 현장조사 임장을 통해 얼마든지 여러분도 입찰하고 낙찰받을 수 있다. 처음부터 너무 복잡한 것은 하지 말고, 단순한 물건부터 도전해보자.

| 물건 검색 페이지 |

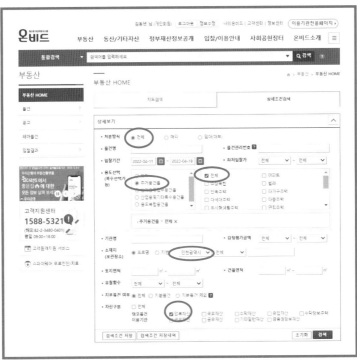

출처 : 온비드

물건을 검색할 때 주로 사용하는 각 조건이 있다. 여러 가지 검색조건을 설정해서 다음 예시와 같이 입찰물건과 공고 등의 물건정보 내용을 검색한다. 그중에서 입찰에 참여할 물건을 선정하면 된다.

- **처분방식** : 공매 공고가 매각물건인지, 임대물건인지 분류되어 있으며 체납처분에 의한 공매 물건을 검색할 때에는 매각에 체크하고 검색하면 된다.
- **용도 선택** : 용도는 부동산의 세부 용도를 알아볼 수 있는 기능이다. 토지, 주거용 건물, 상가 및 업무용 건물, 산업용 및 기타특수용 건물, 용도 복합용 건물 중에서 자신이 원하는 것을 선택하면 된다. 세부적인 설정도 가능하므로 효율적인 검색이 가능하다.
- **소재지** : 자신이 평소 관심 있는 지역이나 원하는 지역을 검색할 때 사용한다.
- **자산 구분** : 압류재산, 수탁재산, 국유재산, 기타일반재산 등의 종류를 선택하는 기능이다. 통상 우리가 공매 진행으로 낙찰받는 종류는 압류재산이 많고, 나머지도 선택해서 검색하면 된다.

| 물건 검색 결과 페이지 |

출처 : 온비드

공매 물건별 권리분석 방법

공매는 다양하게 매각하는 조건과 기관이 다를 수 있다. 그에 따라 권리분석도 다르게 해야 한다. 공매는 온비드 화면에서 찾아볼 수 있고 압류재산, 국유재산, 수탁재산, 유입자산과 이용기관으로 국유재산, 공유재산, 기타일반재산, 금융권 담보재산이 있으며 금융기관, 신탁회사, 기업 등의 직접 공매가 있다.

압류재산 권리분석 방법

한국자산관리공사가 세무관서 등으로부터 공매 대행을 의뢰받아서 체납자의 부동산을 강제로 매각하는 절차다. 경매와 같이 매각결정 방식으로 말소기준권리를 기준으로 소멸주의를 행하고 있다. 또한, 매각대금을 가지고 공매를 위임한 세무관서와 그 밖에 등기사항전부증명서에 기재된 채권, 등기되어 있지 않지만, 배분받을 권리가 있는 채권자에게 배분하는 절차로 마무리가 된다. 그러므로 말소기준권리를 기준으로 선순위 권리는 인수하고, 후순위 권리나 채권은 소멸하게 된다. 인수할 권리가 있는가를 자세히 분석하고 확인한 다음 입찰에 참여해야 한다. 그리고 특히 주의할 점은 국세징수법에서 정한 법정매각조건을 확인하기 위해서 공매 공고문과 특별매각조건을 확인하려면 공매 재산명세서를 꼭 숙지해야 한다.

국유재산 권리분석 방법

국가 소유 재산의 관리와 처분을 위임받아 일반인들에게 매각 또는 임대(대부)하는 재산을 말한다. 즉, 국가기관으로부터 매각이 위임된 재산을 한국자산관리공사가 수탁을 받아 일반인들에게 공개경쟁 입찰을 함으로써 매각하게 되니 매각조건 등 공매 공고문을 꼼꼼히 봐야 하고 공매 담당자에게 확인해야 한다. 압류재산처럼 예측하지 못한 손실은 거의 없으므로 안전하다고 볼 수 있다.

수탁재산 권리분석 방법

수탁재산 공매는 두 가지가 있다. 첫 번째는 금융기관과 공공기관 소유 비업무용 재산 등을 금융기관 또는 공공기관으로부터 매각을 위임받아 한국자산관리공사가 일반인들에게 공개경쟁 입찰한다. 두 번째는 양도세 감면대상 물건을 위임받아 한국자산관리공사가 일반인들에게 공개경쟁 입찰하는 방식이 있다. 이렇게 한국자산관리공사가 수탁을 받아 일반인들에게 공개경쟁 입찰방식으로 매각하게 되니 매각조건 공매 공고문과 공매 담당자에게 확인하고 낙찰받으면, 하자 권리 없이 안전하게 소유권을 취득하게 되는 것이다.

유입자산 권리분석 방법

부실채권을 회수하는 과정에서 법원 경매를 통해서 한국자산관리공사 명의로 유입한 자산으로 소유자 한국자산관리공사가 일반인들에게 공개경쟁 입찰방식으로 매각절차를 진행하게 된다. 일반 부동산 중개사무소에서 매매하는 것과 같이 안전하다고 볼 수 있지만, 한국자산관리공사가 소유자로 매각하니 공매 공고문과 공매 담당자를 통해서 확인하고 입찰에 참여해야 한다.

이용기관재산 등 권리분석 방법

매각물건 분류는 기본적으로 국유재산, 공유재산, 기타일반재산, 금융권 담보재산 이상 네 가지로 분류된다. 매각물건에 대한 실질적인 분류는 공고를 등록하는 이용기관에 따라 결정하게 된다. 이러한 이용기관재산 등의 매각 공매와 임대 공매는 한국자산관리공사, 즉 온비드 사이트에 회원가입 후 전자처분시스템을 통해서 이용기관 등이 직접 매각절차를 진행하게 되니 매각조건을 확인하고 입찰에 참여해야 한다.

신탁회사, 금융기관, 기업 등의 직접 공매에서 권리분석 방법

신탁회사, 기업, 은행과 금고 등이 감정평가기관의 평가금액을 기초로 최초매각예정금을 정하고 이를 신문에 공고한다. 공개입찰방식으로 신탁기관 등이 직접 매각절차를 진행하게 되니 매각조건을 꼭 확인하고 입찰에 참여해야 안전하게 낙찰받을 수 있다.

이렇듯 압류재산 공매나 법원 경매는 공개입찰 매각결정방식이다. 말소기준권리를 기준으로 소멸주의를 택하고 있으므로 권리분석을 철저하게 해야 한다. 그러나 다른 공매 물건, 즉 신탁 공매 등은 신탁사와 낙찰자가 계약체결방식으로 인수주의로 매각절차가 진행된다. 그러므로 매각조건을 매각공고문과 공매 담당자를 통해서 정확하게 확인하고 입찰에 참여하면 안전하게 소유권을 취득할 수 있다.

온비드에서 해당 빌라 입찰정보 내역

| 물건정보 |

출처 : 온비드

| 물건세부정보 |

| 물건 세부 정보 | 압류재산 정보 | 입찰 정보 | 시세 및 낙찰 통계 | 주변정보 | 물건 문의 | 부가정보 |

▌공고 후 수정내용

수정일	항목	수정 전	수정 후
2022-05-16	유의사항	본건은 점유자의 주민등록 등재사실에 의하여 대항력 있는 임차인이 있을 수 있사오니 사전조사 후 입찰바람	본건은 권리신고한 임차인의 서류에 의하여 대항력 있는 임차인이 있을 수 있으므로 사전조사 후 입찰바람

▌면적 정보

번호	종별(지목)	면적	지분	비고
1	토지 > 대	57.323㎡	-	지분(총면적 334.2㎡)
2	건물 > 건물	76.99㎡	-	-

▌위치 및 이용현황

소재지	지번	인천광역시 서구 검암동 ▨▨▨ 아트빌 제비동 제3층 ▨▨▨
	도로명	인천광역시 서구 승학로▨▨ 제비동 제3층 제301호 (검암동, ▨아트빌)
위치 및 부근현황		본건 검암동우체국 남서측 인근에 위치/본건 인근 지하철역(검바위역),버스정류장이 소재 제반 교통상황은 양호본건 서인천고등학교 서측 인근에 위치
이용현황		다세대주택(방3)으로 이용중임.
기타사항		해당사항 없음.

▌감정평가정보

감정평가기관	평가일	평가금액(원)	감정평가서
(주)감정평가법인 대일감정원	2022-03-30	194,000,000	⬇ 감정평가서

▌명도이전책임

명도책임	매수자

출처 : 온비드

온비드에서 좋은 물건을 찾는 것이 우선이다

온비드에서 물건정보와 매각물건의 사진정보, 지도, 지적도, 위치도, 감정평가서 또한 하단에 보면, 물건세부정보나 압류재산정보, 입찰정보 등을 확인하고 분석할 수 있다. 물건정보와 감정평가서에 토지와 건물 전체가 매각되는 게 있는지, 감정평가가 잘 이뤄졌는지, 지분만 매각되는 조건으로 평가가 이뤄졌는지, 토지 또는 건물만 매각으로 평가되었는지, 또한 제시외건물이 따로 있는지를 잘 분석해야 낭패를 면할 수 있다. 매각물건이 사진과 위치도 및 지도 그리고 감정평가서를 잘 분석해서 내가 입찰하고자 하는 목적에 맞는지, 또한 내 투자금에 맞는지도 알아보고 좋은 물건을 찾아야 한다. 그 이유는 공매는 수익 창출이 목적이기 때문이다.

입찰하려는 물건의 말소기준권리를 찾고 인수할 권리가 있는지 확인하자. 온비드 물건정보 내역에서 일차적으로 압류재산정보 내용과 입력정보에서 공매 재산명세서를 확인해야 한다. 이때 인수할 권리가 있는지 확인해야 하고, 이차적으로 등기사항전부증명서와 건축물대장 등을 직접 발급받아 말소기준권리를 찾고 인수할 권리가 있는지를 다시 한 번 확인한다.

온비드 물건정보 내역에서 기본적으로 분석하는 방법을 살펴보자. 물건정보 내역에서 일차적으로 압류재산정보에서 임대차 정보와 등기사항전부증명서의 주요정보나 기타매수인이 인수할 권리가 있는지를 체크한다. 권리분석 기초정보 내역에서 배분 요구 및 채권신고내역 등을 확인한다. 입력정보에서 공매 재산명세서를 검색해서 압류재산정보에서 확인했던 내용과 비교한 후 분석해야 한다.

| 압류재산정보 |

| 물건 세부 정보 | 압류재산 정보 | 입찰 정보 | 시세 및 낙찰 통계 | 주변정보 | 물건 문의 | 부가정보 |

▌임대차 정보 (감정평가서 및 신고된 임대차 기준)

임대차내용	성명	보증금(원)	차임(월세)(원)	환산보증금(원)	확정(설정)일	전입일
임차인	최▮	210,000,000	-	-	2021-07-16	2021-08-30
임차인	주택도시보증 공사(임차인최 재석의권리승 계인)	210,000,000	-	-	2021-07-16	2021-08-30
전입세대주	전세입자	-	-	-	-	-

[총 3건]

1

⚠ 임대차정보는 감정서상 표시내용 또는 신고된 임대차 내용으로서 누락, 추가, 변동 될 수 있으니 참고 자료로만 활용하여야 하며, 이에 따른 모든 책임은 입찰자에게 있습니다. 임차인의 배당요구 여부는 입찰시작 7일전부터 제공하는 공매재산명세서를 통하여 확인하시기 바랍니다.

▌등기사항증명서 주요정보

번호	권리종류	권리자명	설정일자	설정금액(원)
1	위임기관	인천세무서	2022-02-24	미표시

출처 : 온비드

| 물건입찰정보 |

| 물건 세부 정보 | 압류재산 정보 | 입찰 정보 | 시세 및 낙찰 통계 | 주변정보 | 물건 문의 | 부가정보 |

▌입찰 방법 및 입찰 제한 정보

전자보증서 사용여부	사용 불가능	차순위 매수신청 가능여부	신청 가능
공동입찰 가능여부	공동입찰 가능	2인 미만 유찰여부	1인이 입찰하더라도 유효한 입찰로 성립
대리입찰 가능여부	대리입찰 가능	2회 이상 입찰 가능여부	동일물건 2회 이상 입찰 가능

▌회차별 입찰 정보

입찰번호	회차/차수	구분	대금납부/납부기한	입찰기간	개찰일시	개찰장소	매각결정일시	최저입찰가(원)
0005	023/001	인터넷	일시불/낙찰금액별 구분	2022-06-13 10:00~ 2022-06-15 17:00	2022-06-16 11:00	전자자산처분시스템 (www.onbid.co.kr)	2022-06-20 10:00	194,000,000
0005	024/001	인터넷	일시불/낙찰금액별 구분	2022-06-20 10:00~ 2022-06-22 17:00	2022-06-23 11:00	전자자산처분시스템 (www.onbid.co.kr)	2022-06-27 10:00	174,600,000
0005	025/001	인터넷	일시불/낙찰금액별 구분	2022-06-27 10:00~ 2022-06-29 17:00	2022-06-30 11:00	전자자산처분시스템 공매재산명세	2022-07-04 10:00	155,200,000
0005	026/001	인터넷	일시불/낙찰금액별 구분	2022-07-04 10:00~ 2022-07-06 17:00	2022-07-07 11:00	전자자산처분시스템 (www.onbid.co.kr)	2022-07-11 10:00	135,800,000
0005	027/001	인터넷	일시불/낙찰금액별 구분	2022-07-11 10:00~ 2022-07-13 17:00	2022-07-14 11:00	전자자산처분시스템 (www.onbid.co.kr)	2022-07-18 10:00	116,400,000
0005	028/001	인터넷	일시불/낙찰금액별 구분	2022-07-18 10:00~ 2022-07-20 17:00	2022-07-21 11:00	전자자산처분시스템 (www.onbid.co.kr)	2022-07-25 10:00	97,000,000

출처 : 온비드

명세서 인쇄를 클릭하면 다음과 같은 화면이 나온다.

| 공매 재산명세목록 |

| 공매 재산명세서 |

공매 재산명세서를 확인한 후 분석한다

한국자산관리공사는 처분청, 관리번호, 공매 공고일, 배분 요구의 종기, 압류재산의 표시, 부동산의 점유 관계(공매 현황 조사관이 조사한 점유자의 권리관계가 기재되어 있음), 임차인 신고 현황, 채권자의 배분 요구 및 채권신고 현황, 매각으로 그 효력을 잃지 않는 것, 매각에 따라 설정된 것으로 보게 되는 지상권의 개요, 기타 유의사항 등을 기재한 공매 재산명세서를 작성한다. 감정평가서도 함께 매각기일 1주일 전부터 매각절차가 종료될 때까지 온비드 사이트에서 공고하고 있으며, 언제든지 입찰희망자는 확인할 수 있게 되어 있다.

입찰자에게 공매 부동산의 물적 부담상태나 취득할 종물, 종된 권리의 소멸 여부 등과 최저매각가 산출의 기초가 되는 사실을 공시해서 신중한 판단을 통해 입찰에 참여하도록 하기 위한 제도다.

채권자의 배분 요구 및 채권신고 현황에서 등기사항전부증명서에 가장 먼저 등기된 채권의 말소기준권리와 또한 그 밖의 권리를 확인하기 위해 등기사항전부증명서와 함께 권리분석해야 한다.

공매 위임관서(세무서 등)의 배분요구채권액과 그 우선순위를 확인하는 것이 정말 중요하다. 우선순위는 압류로 결정되는 것이 아니라, 1순위로 최우선변제금이 배분을 받고, 2순위로 당해세, 그리고 3순위로 조세채권의 법정기일과 저당권부 채권 간의 우선순위에 따라 배분하게 된다. 그러므로 대항력이 있는 임차인의 확정일자 우선변제권이 조세채권의 법정기일보다 늦으면 낙찰자가 임차보증금을 인수하게 되는 경우가 발생할 수 있다. 이 사실에 유의해서 권리분석을 해야 낭패를 막을 수 있다.

온비드 사이트
입찰참여 방법

온비드 입찰정보 내역에서 직접 입찰에 참여하는 방법

1. 온비드 입찰정보 내역에서 중간에 보면, 입찰 진행물건에 대해 입
   찰 여부를 클릭하는 부분에 입찰을 클릭한다.

| 물건정보에서 입찰 참여하기 |

출처 : 온비드

2. 입찰을 클릭하면 입찰정보 확인 및 준수규칙 동의 버튼을 클릭한다.

| 정보확인 및 준수규칙 동의 |

출처 : 온비드

3. 입찰서 작성 및 제출

→ 본인임을 체크하고 최저입찰가 입력

→ 입찰 금액 입력

→ 보증금 입력을 클릭하면 자동으로 보증금이 입력된다.

→ 납부총액확인을 클릭하면 자동으로 납부총액이 입력된다(최저입찰가의 10%).

→ 입찰보증금 납부는 현금 또는 전자보증서 납부를 선택

→ 보증금 납부계좌은행 선택(입찰에 참가하고 나면 입찰내역과 입찰보증금 납부 가상계좌가 나타나는데 이때 가상계좌은행을 선택한다)

→ 환불계좌 입력(패찰했을 경우 보증금을 환불받을 은행계좌)

→ 잔금 납부계좌 은행을 선택

→ 매각결정통지서와 잔금 영수증 수령방법을 선택(온비드 직접 교부 또는 현장 수령)

→ 각 항목의 모든 주의사항을 "동의합니다"에 체크하고 입찰서 제출을 클릭하면 된다.

| 입찰서 제출하기 |

▌ 입찰금액 및 보증금 납부 방식 선택

입찰방법	☑ 본인입찰 ☐ 대리입찰(서류제출방식) ☐ 공동입찰 ☐ 전자서명방식 ☐ 서류제출방식
최저입찰가	366,300,000원
입찰금액	368,000,000 원 (금 삼억육천팔백만원) · 입력하신 금액은 최저입찰가의 **100.46%입니다.** 🖩 보증금계산
보증금액	· 보증금액은 '최저입찰가X입찰보증금율(최저입찰가의 10%)' 로 계산합니다. 36,630,000 원 (금 삼천육백육십삼만원) 🖩 납부총액확인
납부총액	**36,630,000원** (금 삼천육백육십삼만원) ·입찰을 위해 납부하실 보증금총액입니다
보증금 납부방식	◉ 현금 ○ 전자보증서 선택 ⌄
보증금 납부계좌 은행선택 ❓	🟦신한은행 BNK부산은행 ◉우리은행 ✷KEB하나은행 ▨IBK기업은행
환불계좌 ❓	선택 ⌄ 🖩 환불계좌추가
잔대금 납부계좌 은행선택 ❓	🟦신한은행 BNK부산은행 ◉우리은행 ✷KEB하나은행
매각결정통지서/ 잔대금명수증 수령방법	◉ 전자송달(온비드 직접 교부) ○ 현장수령

● 참가수수료 안내
참가수수료는 공고집행기관이 부과하는 수수료이며 유찰 시에도 환불되지 않습니다. 보증금 납부계좌로 입금하신 금액 중 참가수수료를 제외한 금액이 입찰서상의 보증금이 됩니다.

● 전자보증서 안내
전자보증서로 납부된 입찰보증금은 보험가입금액으로, 향후 낙찰 받은 입찰자가 계약 미체결 시 피보험자(입찰집행기관)가 발급기관(서울보증보험)에 청구할 보험금의 범위는 보험가입금액을 한도로 하여 「입찰참가자준수규칙」의 정하는 바에 따릅니다.

☑ 각 항목의 모든 주의사항을 숙지하였으며, 입찰서를 최종 제출하는 것에 동의합니다.

[취소] [**입찰서 제출**]

출처 : 온비드

4. 입찰서 제출 확인 버튼을 누르면 다음과 같은 확인 메시지가 나온
   다. 주의 깊게 읽어보고 확인란에 체크 후 동의 버튼을 누른다.

| 중요 체크리스트 |

출처 : 온비드

동의 버튼을 누르면 전자서명 정보 확인 창이 나타나게 되며 확인을 누르고 최종적으로 공인인증서로 전자서명을 하게 되면 입찰서 제출이 완료된다.

| 입찰서 제출 시 온비드 안내문자 |

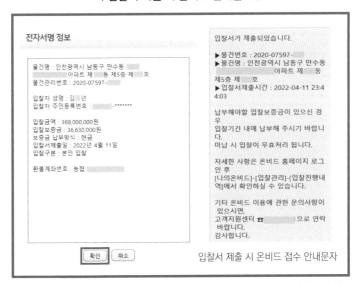

입찰서 제출 시 온비드 접수 안내문자

출처 : 온비드

5. 입찰서 제출 완료 및 보증금납부 안내

| 입찰서 제출 |

출처 : 온비드

입찰서 제출 시 납부계좌(5개 은행 : 신한은행, 부산은행, 우리은행, 하나은행, 기업은행)를 선택한 가상계좌로 입찰보증금을 납부해야 최종적으로 유효한 입찰이 성립된다.

6. 입찰자가 입찰결과를 확인하는 방법

온비드 홈페이지 맨 위 상단 "나의 온비드" 메뉴를 선택한다. 나의 입찰내역이 나타나면 입찰 중, 개찰 완료 등을 선택해서 확인한다.

| 입찰결과 확인 |

출처 : 온비드

공매 낙찰 후,
잔금 납부와 소유권 이전 등기

압류재산 공매는 매각결정통지서에 기재된 매매 잔금 입금은행 계좌로 잔금을 납부한다. 공매 담당자와 연락을 취한 뒤 온비드에 접속해서 나의 온비드에서 잔금 납부 영수증을 발급받을 수 있다. 한국자산관리공사는 매수인이 매각대금을 완납하고, 그 증명서와 소유권 이전에 필요한 서류를 첨부해 소유권 이전 등기를 청구해오면 다음과 같은 절차로 진행한다.

1. 관할 등기소 등에 소유권 이전 및 매수인이 인수하지 않은 제권리(말소기준권리 이후의 권리) 등의 말소 등기를 촉탁하게 된다.
2. 등기소의 촉탁 방법으로는 등기우편으로 촉탁하는 데 3~4일이 소요된다. 금융기관 등의 잔금대출이나 긴급을 요구할 경우 등의 사유로 당일 접수해야 한다. 당일 특급우편 제도를 이용하게 되는데, 오전 12시 이전에 소유권 이전 등기 신청에 관한 모든 것이 마무리된 후 신청해야 가능하다.
3. 매수인 또는 대리인 신청서 제출 시 등기필증 수령요청서를 함께 제출한다. 등기필증이 발급되면 수령요청서에 기재된 장소에서 수령할 수 있다.

| 압류재산 낙찰 후 절차 안내 |

압류재산 낙찰 후 절차안내

STEP. 01
매각결정 통지서 수령
(해당부정)

- 낙찰자 본인이 신분증과 도장을 지참한 후 물건의 해당부정을 직접 방문하여 담당자로부터 매각결정통지서를 수령합니다. (대리인이 방문할 경우 인감증명서를 첨부한 위임장 지참하며, 방문전에 담당자와 통화하시기 바랍니다.)
- 전자교부를 신청한 낙찰자는 온비드 [나의온비드 > 입찰관리 > 입찰결과내역]에 접속하여 매각결정통지서 발급합니다.
- 매각결정기일 천에 압류와 관계되는 체납액의 전부가 납부 또는 충당되는 등(체납자 또는 제3자가 압류의 원인인 체납세금을 납부하는 등) 압류 해제의 사유 및 그 밖에 매각결정을 할 수 없는 중요한 사유가 발생하여 공매대행의뢰기관에서 공매의 취소(중지)를 요청하는 경우 또는 그러한 사실이 추후 확인될 경우 매각결정이 취소될 수 있습니다.

STEP. 02
잔대금납부
(잔대금 납부계좌)

- 매각결정통지서에 표시된 납부기한까지 잔대금납부계좌로 입금
- 국세징수법 개정에 의거 공매공고 시점에 따라 잔대금 납부기한이 상이하므로 입찰전 물건정보에서 확인하시기 바랍니다.

최초공고일자	납부기한 기준금액	기준금액 미만	기준금액 이상
2012.1월 이전	1,000만원	7일	60일
2012.1.1~12.31	1,000만원	7일	30일
2013.1월 이후	3,000만원	7일	30일

STEP. 03
압류재산 소유권이전 준비

- 각 비용은 2019년 1월 1일 현재 기준이며, 이후 변동될 수 있습니다.

1. 한국자산관리공사 (온비드)

매각결정통지서(원본)	1부	
보증금납입영수증(원본)	1부	
잔대금납입영수증(원본)	1부	• 한국자산관리공사 방문 또는 온비드 홈페이지에서 발급
등기청구서	1부	
등기필증수령요청서	1부	

2. 등기소 (인터넷등기소포함)

토지, 건물등기사항 전부증명서 (www.iros.go.kr)	각1통	• 인터넷등기소 출력(제출용) 후 제출 가능

3. 관할시,군,구청 세무 및 재무과

토지(임야) · 건축물대장	각1통	• 공유자연명부, 전유부, 대지권등록부 포함 • 정부24 홈페이지 출력(교부용) 후 제출 가능
취득세 및 등록면허세 영수증발급 (위택스 납부 가능, 세부사항 하단의 소유권 이전 준비 서류 안내 참조)	영수증	• 등기소보관용으로 제출 • 발급시 지참서류 : 매각결정서, 보증금·잔대금납입영수증 사본 • 취득세영수증에 과세시가표준액을 기재받을 것 (국민주택채권 매입액 계산시 필요) • 등록면허세 산정기준 (등기사항증명서상 알소할 건수 x 7,200원) • 대토(환토)인 경우 취득세 감면혜택이 있으므로 사전조사 후 납부

4. 정부24 홈페이지 또는 물건소재지 관할 행정복지센터(주민센터)

매수자 주민등록등(초)본	1통	• 정부24 홈페이지 또는 행정복지센터(주민센터)에서 발급 (발급시 주민등록번호 뒷자리를 포함하여 발급)

※농지 매수시에만 발급 ※ (지목 전,답,과수원) 농지취득자격증명 농지원부	1부	· 정부24 홈페이지 또는 행정복지센터(주민센터)에서 발급 · 발급시 지참서류 : 농업경영계획서 · 소재지 관할 행정복지센터에 확인 후 농지취득자격증명이 필요 없는 경우에는 농지취득자격증명 반려문 또는 토지이용계획확인서 제출 · 농지원부가 있는 농민이 농지를 매수한 경우에도 농지취득자격증명은 필요함

5. 금융기관(채권매입/등기신청수수료납부)

국민주택채권 매입필영수증	영수증	· 영수증원본으로 제출 (취급기관 : 우리,기업,신한,국민,농협은행) ※ 취급하지 않는 지점도 있으니 해당지점에 사전 문의 후 방문하시기 바랍니다. · 은행창구에서 수령한 영수증 또는 개인 인터넷 뱅킹으로 매입 후 출력한 영수증 제출가능 · 취득세납부고지서상의 시가표준액을 기준으로 매입 (시가표준액이 토지 500만원, 기타부동산 1,000만원, 주택 2,000만원 이상인 경우에만 매입) · 농민이 농지 취득할 경우 면제 (농지원부제출) [국민주택채권 매입기준표] [기준시가표준액 확인]
등기신청수수료납부	영수증	· 영수증원본으로 제출 (취급기관 : 우리,신한,농협,SC,경남,대구,전북,광주은행) ※ 취급하지 않는 지점도 있으니 해당지점에 사전 문의 후 방문하시기 바랍니다. · 인터넷등기소 홈페이지에서 등기신청수수료 전자납부 가능 · 등기부등본상 제권리(압류, 가압류, 근저당 등)말소용 → 소유권 이전 필지당 기본 15,000원 말소 등록 건당 X3,000원 예시) 토지 2필지, 건물1, 총말소건수 5건인 경우 (15,000원 X 3 + 3,000원 X 5 = 60,000원)

STEP. 04 소유권이전 등기촉탁 (해당부점)	**한국자산관리공사 제출** · 위에서 준비된 모든 서류와 등기(등록)청구서 및 등기필증수령요청서 작성 제출 (등기(등록)청구서 및 등기필증수령요청서 발급화면 : 온비드>입찰/이용안내>자료실>서식자료실> 압류재산>16.등기(등록)청구서 및 등기필증수령요청서) · 등기필증 발송용 우표 제출(우체국에서 발송비용만큼 구매) ※ 종별, 중량, 지역 등에 따라 우편료가 달라지므로, 해당부점에 별도 문의 후 구입하시기 바랍니다. (우편비용 예시는 하단의 소유권이전 준비서류 안내 ⑧번 항목 참조) · 등기필증 직접교부시(우편으로 신청한 경우 포함) → 본인 도장,신분증 지참, 대리인 오실때는 인감증명서와 위임장 지참 모든 서류는 1개월 안에 발급받은 것(사본 및 팩스본 접수불가)으로 준비하시기 바라오며, 압류재산 소유권이전 등기는 공사의 촉탁으로 이루어지므로 사전에 해당부점 업무담당자에게 상기 사항을 문의하시기 바랍니다. 아울러 소유권이전 준비과정에서 부득이하게 준비서류 발급 등을 법무사에게 위임하고자 하는 경우에는 대한법무사협회(www.kjaa.or.kr)에서 법무사를 확인하시기 바랍니다. · 소유권 이전에 필요한 서류를 구비하여 물건의 해당부점에 우편 제출(또는 방문 제출)하여 소유권이전 등기촉탁을 의뢰합니다.
STEP. 05 등기필증 수령(해당부점)	· 공사는 등기소로부터 등기필증을 접수하여 매수자에게 교부합니다.

[소유권이전 준비서류 안내 다운로드]

출처 : 온비드

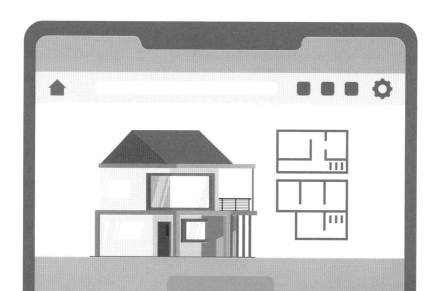

PART 3

권리분석 :
초보자인 나도 할 수 있다

쉬운 물건부터
도전해보자

공매를 처음 시작하는 사람이라면 내가 사는 지역 또는 살았거나 그 지역에 대해서 잘 알고 있는 곳으로 시작하는 것이 좋다. 공매를 처음 접하는 입장으로서 부담을 덜 느끼기 때문에 쉽게 접근할 수 있어서 좋다. 새로운 곳은 정보 파악도 힘들고 접근이 쉽지 않기 때문이다. 지금부터라도 관심을 두고 카페보다는 부동산 중개사무소를 이웃 삼아 친근하게 다녀 보자. 요즘은 아파트마다 카페들이 있어 가입하고 자주 들어가 보거나 지역 신문도 관심을 두고 살펴봐야 한다. 내가 그동안 몰랐던 우리 지역에 대해서 알게 될 것이다. 이런 것들이 정보가 되고 나중에 짭짤한 수익처가 된다.

공매를 처음 시작할 때 먼 지역까지 입찰하러 다녔다. 그만큼 절실하기도 했고 피곤한 줄 몰랐다. 하지만 너무 멀거나 하면 금방 지쳐 버린다는 것을 경험으로 알 수 있었다. 먼 곳은 웬만하면 피해서 하는 것이 좋다. 잘 분석하면 가까운 곳에도 좋은 물건이 많다. 굳이 먼 곳까지 가게 되면 효율성도 떨어진다. 초기에는 자금이 부족하다 보니 곳곳에 물건들이 흩어져 있어서 일이 생길 때는 여러 번 가야 하는 번거로움이 생겼다. 이런 경험들을 겪다 보니 이제는 너무 먼 지역은 기대수익이 웬만큼 나지 않고서는 나서지 않는다. 경험이 늘어날수록 좋은 물건에 효율적인 관리까지 가능한 물건을 찾게 되는 것이다.

초보자라면 쉬운 물건부터 하자

초보자가 굳이 어려운 물건을 찾아서 하지 않아도 된다. 어려운 물건을 하다가 해결하지 못하고 금전적 손실을 보게 되어 쉽게 포기해버리는 경우가 있을 수 있다. 얼마든지 쉬운 물건에서 수익을 얻을 수 있다고 말해주고 싶다. 유치권이나 법정지상권 등이 걸린 물건은 고도의 법률 지식과 짧게는 수개월, 통상적으로는 1~2년, 길게는 수년이 걸리기도 한다. 장기간의 법적 다툼을 가려야 하는 특수물건과 관련해서 보기만 해도 어렵게 느껴지는 물건들이 있다.

초보 시절에는 주변 사람들에게서 유치권이 돈이 된다는 말만 듣고서 크게 기대하고 임장을 다닌 후 도전을 했었다. 그러나 유치권은 은행에서 대출이 힘들다는 이야기에 투자금이 작은 나로서는 포기할 수밖에 없었다. 아직은 내가 할 수 있는 영역이 아니라고 생각하고 포기했다. 유치권은 나중에 소송까지 가는 경우가 많고 시간도 오래 걸린다. 투자금 또한 잠기게 되어서 초보자들에게는 큰 위험과 스트레스로 돌아온다. 어려운 물건 낙찰받고 해결하느라 시간과 비용이 많이 든다면, 그것은 투자에 있어 스트레스다.

유찰된 물건, 신탁 공매를 공략하는 것도 좋다

공매로 나온 물건들은 대체로 감정평가액이 높게 책정된 경우가 많다. 채권 회수가 목적이기 때문에 일반시세보다 조금 높게 형성되어 있는 것이다. 그래서 시장 가치가 특별히 좋은 경우를 제외하고는 유찰된 물건들을 공략하는 것이 좋다. 또한, 보통 매매가 대비 전세가가 높은 곳들은 생활환경이 좋아서 임차인들이 선호하는 지역이다. 이 지역들은 전세 투자 시 많은 투자금이 투입되지 않아 소액으로도 투자하기 좋으므로 초보자들은 이런 물건들을 눈여겨볼 만하다.

신탁 공매는 채무자가 은행에서 근저당권을 설정하고 대출을 받는 형식이 아니고, 소유권을 신탁회사로 넘긴 뒤 신탁회사에서 발행하는 수익증권을 담보로 은행에서 채무자에게 대출을 해주는 것으로 채무자가 대출을 연체하게 되어 공매로 진행되는 것을 말한다. 신탁회사마다 각기 다른 방식을 취하면서 물건에 대한 조사, 임차인, 권리문제에 대한 것들을 직접 풀어야 하지만, 그 부분만 풀어낸다면 그만큼 좋은 기회가 될 수 있다.

부동산 신탁재산과 기타 공공기관재산 등(부동산 신탁회사, 일반금융기관, 정부 공공기관, 일반 개인기업)의 공매 절차는 압류재산 공매와 다르게 비교적 단순한 매각절차를 진행하고 있다. 매각방식이나 매각장소, 계약체결 방법 또는 체결 기간, 첨부서류 등이 기관별로 다르긴 하지만, 기본 절차는 법으로 정해진 방식으로 하고 있다. 그러므로 대부분이 신탁기관 본사 회의실에서 입찰절차를 진행하는 현장 공매와 한국자산관리공사 온비드에서 입찰절차를 진행하는 인터넷 공매로 이뤄진다.

어떤 매각절차로 진행해도 그 매각 주관사는 신탁기관이고, 온비드는 신탁기관에 수수료를 지급하고 이용하는 것에 불과하다. 그렇기 때문에 온비드 인터넷 공매든, 현장 공매든 권리분석을 꼼꼼하게 해서 입찰에 참여하면 된다.

초보자가 어렵지 않게 할 수 있는 물건부터 도전해야 해야 하는 것은 몇 번 강조해도 지나치지 않다. 초보자들이 아직은 지식이나 경험이 부족하므로 실수를 하지 않았으면 좋겠다. 해보지도 못하고 공매 시장을 떠나는 안타까운 일이 없었으면 좋겠다. 보기만 해도 법적인 부분들이 어려워 보이는 유치권, 법정지상권, 위법건축물, 일부 매각, 공부상 표시와 실제 다른 호수 등 이런 복잡한 물건들은 피해서 하면 된다. 이 책을 읽고 내가 느꼈던 감정들을 고스란히 느꼈으면 좋겠다.

Tip 투자 유의물건

유치권

유치권은 부동산에 비용을 지출하고 그 지출 비용을 변제받지 못했을 때 변제받을 때까지 소유자(낙찰자)에게 명도하지 않고 건물을 유치할 수 있다는 말이다. 가끔 길거리를 가다 보면 건물 바깥쪽으로 유치권 행사 중이라고 붙어 있는 현수막을 본 적이 있을 것이다.

법정지상권

법정지상권은 애초에는 토지와 건물이 동일인에게 속해 있었으나,

① 건물에만 전세권을 설정한 후 토지 소유자가 변경되거나

② 토지나 건물 어느 한쪽에만 저당권 설정 후 경매나 공매로 소유자가 다르게 된 경우

③ 토지나 건물 어느 한쪽에만 가등기담보·양도담보·매도담보권을 설정한 후 담보권의 실행으로 토지와 건물의 소유자가 다르게 된 경우 등이 있다.

법정지상권은 당사자 간의 계약에 의하지 않고 법률에 의해서 당연히 인정되는 법적 권리인 것이다. 이런 케이스는 너무 복잡하고 위험성이 크기 때문에 초보자라면 그냥 넘어가는 것이 좋다.

위법건축물

위법건축물은 말 그대로 건물에 불법으로 개조해서 쓰고 있는 경우다. 옥상 위에 별도로 건물을 올려서 쓰고 있는 경우를 말한다. 위법건축물이 있는 건물을 낙찰받게 되면 벌금과 함께 그 건축물을 철거해야 하는 비용까지 낙찰자가 지출해야 하는 불상사가 일어날 수 있다. 건축물대장을 활용하면 이런 물건은 피해갈 수 있다.

일부 매각

일부 매각이나 건물만 매각, 토지만 매각이라고 적혀 있는 경우가 있다. 초보

자는 피해서 가자! 건물 소유자와 토지 소유자가 다른 경우를 말한다.

공부상 표시와 실제 다른 호수

공부상 표시와 실제 호수가 다른 경우다. 건축물대장이나 등기사항전부증명서상 표시된 호수와 실제 호수가 다르다는 이야기다. 공매 물건지에 도착해서 '101호'를 목적으로 임장을 갔으나 실제 현황상으로는 '102호'로 현관문에 다르게 표시가 되어 있는 사례다. 명도가 쉽게 이뤄지면 좋겠지만, 낙찰자가 생각지 않은 전혀 다른 물건을 낙찰받게 되어 복잡한 소유권을 다투는 상황까지 갈 수 있다. 아쉽더라도 초보자는 그냥 지나가는 것이 좋을 수도 있다. 나도 임장 가서 포기한 케이스가 일부 있었다. 이럴 때는 빨리 포기하고 다른 물건을 찾는 것이 좋다.

초보자들은 돌다리도 두들겨 보고 가야 하듯 항상 주의할 점이 있다. 입찰하기 전 내가 입찰할 물건이 투기과열지구인지, 조정지역인지, 규제지역인지, 비규제지역인지를 확인해야 한다. 항상 부동산 정책과 세법 관련 문제 등을 인터넷으로 찾아보고, 전문가에게 부동산 관련 정보의 자문을 얻을 수 있어야 한다. 투자하다 보면 어떤 상황이 닥칠지 모르니 항상 최선을 다해야 한다.

공매는 단거리경주가 아닌 장거리경주다

　이번에 소개할 물건은 이미 같은 건물의 다른 층을 낙찰받아서 전세를 놓고 있는 상태 중에 발견된 것이었다. 계단식 4층 소재 빌라여서인지 계속 유찰되어 낙찰받았다. 이미 주변을 파악하고 있었고, 좀 쉽게 접근할 수 있는 물건 중 하나였다. 까다로운 명도 부분이 남아 있었지만, 해결할 수 있다는 자신이 있었기에 도전했다. 이 물건은 특이하게 근처 부동산 중개사무소 사장님과 사전에 일정 금액에 매매계약하기로 약속하고 진행했다. 이런 경우는 드물지만, 그만큼 자신이 있었다.

　신탁재산 등의 공매에서 권리분석은 공적 장부를 통해 확인하는 방법과 수탁사의 공매 담당자 우선수익자(대출금융기관)를 통해서 확인해야 한다. 우선수익자는 대출 심사단계에서 전입세대열람 등을 통해 대항력 유무를 판단하고 대출을 실행한다. 공매 대상 부동산에 대해서 자세한 내용을 알고 있다. 우선수익자의 전화번호는 수탁사에 문의해서 확인하면 된다. 행정복지센터에서 전입세대열람내역서를 확인한 결과, 공실인 것으로 확인이 되어서 명도 또한 문제가 없는 물건이었다.
　이미 공실임을 확인했지만, 집 안 내부를 볼 수는 없었다. 우선수익자인 대출은행도 전 주인의 연락처를 개인정보 보호로 인해 알려줄 수 없다고 했다. 이 부분은 대출은행 담당자마다 조금씩 다르다. 추가로 알아보려 했지만 더 이상 방법이 없었다. 어쩔 수 없어 열쇠 수리공을 불러 잠금장치를 강제 철거해서 열 수밖에 없었다. 17만 원의 수리비를 들여 문을 열어야만 했던 물건이다. 겨울이었음에도 잠금장치를 강제로 철거하는 데 수리공 아저씨가 땀을 비 오듯 쏟아서 1.5L 생수 1통을 다 비우셨던 기억이 난다. 일반인은 잠금장치 강제 철거는 힘들 것 같다는 생각이 들었다. 생각보다 쉬운 작업이 아니었다. 가끔 이런 경우가 있는 경우 열쇠 수리공을 불러서 해결하면 된다.

| 전입세대 열람 내역 확인 |

전입세대 열람 내역(동거인 포함)

행정기관: 인천광역시 연수구 ▨▨▨▨▨동
신청주소: 인천광역시 미추홀구 ▨▨▨▨▨▨▨▨▨

출력일시: 2019년 11월 19일 09:06:42
출 력 자: 최▨▨▨▨▨▨▨
페 이 지: 1

순번	세대주 성명 전입일자 등록구분	최초전입자 전입일자 등록구분	동거인수	동거인 사항
	주소			순번 성명 전입일자 등록구분
1	( ) -	-		

해당 주소의 세대주가 존재하지 않음.

※지번 주소 [인천광역시 미추홀구 ▨▨▨▨▨▨▨▨▨ 회]조회 결과와 일치합니다.

– 이하 여백 –

출처 : 행정복지센터

| 물건 공고 |

신탁부동산 공매공고[온비드]

입찰전 유의사항

· 당사가 진행하는 공매(공개매각)는 한국자산관리공사에서 진행하는 공매(公賣)와는 전혀 다른 일반 매매에 해당합니다. 아래 공고상 매수자가 부담하여야 하는 조건을 정확히 확인하신 후 이에 동의하는 경우에만 입찰에 참여하시기 바랍니다.

· 특히, 부가가치세(대상여부 공고상 기재) 및 관리비(발생일과 관계없이 전체 체납금)는 매매대금과는 별도로 매수자가 추가로 부담하여야 하는 비용이므로, 사전에 확인하시고 입찰여부를 결정하시기 바랍니다.

· 입찰(수의계약)에 참여한 경우 유의사항 전부에 대해 동의한 것으로 간주되어, 매수자나 제3자의 법률적 해석을 근거로 매매계약 등 공매 조건을 부인, 변경 요청할 수 없습니다.

1. 공매대상 부동산의 표시

연번	소재지	건물면적	대지권의 비율	전입세대열람 (2019.01.14.기준)
1	인천광역시 미추홀구　　　　　　호	49.04 ㎡	129분의 18.95	–

2. 차수별 최저입찰금액
(단위 : 　　원)

차수	공매일시(입찰가능일시)	온비드개찰일시	최저입찰금액
1	2019. 11. 18. (월) 10:00~17:00	2019. 11. 19. (화) 09:00	80,000,000
2	2019. 11. 20. (수) 10:00~17:00	2019. 11. 21. (목) 09:00	73,000,000

3. 공매장소

1) 공매장소 : 인터넷 전자입찰(www.onbid.co.kr)
2) 계약장소 : 서울특별시 강남구 테헤란로 424 대치타워 16층 주식회사 생보부동산신탁
2) 공매공고 : 온비드게시판(www.onbid.co.kr) 및 당사 홈페이지(www.sbtrust.co.kr)
3) 문 의 처 : 02) 3404-3579

출처 : 온비드

| 물건 소재지 |

출처 : 온비드

출처 : 저자 작성

열쇠 수리공을 불러 공실 문을 열다

열쇠 수리공 아저씨가 한 시간을 땀을 뻘뻘 흘려가며 잠금장치를 풀고 문을 열었다. "와!" 기대 이상으로 완벽한 내부였다. 손볼 곳이 없는 깨끗한 물건이었다. 아저씨가 힘들게 문을 여셨지만 기다린 보람이 있었다. 아담하고 깔끔했다. 이런 물건도 가끔 만난다.

방 3개, 화장실 1개로 작지만 아담한 거실까지 있어서 전혀 수리비가 들지 않은 물건이었다. 이처럼 잘만 선택하면 적은 투자금으로 깨끗한 신축 물건을 잡을 수 있다. 하지만 모든 물건이 이처럼 좋지는 않다. 나의 투자 철학은 원금을 손해 보지 않는 선에서 수익을 창출하는 것이다.

모든 사람이 처음부터 많은 투자금을 가지고 투자하지는 못한다. 한

번 잘못되면 그만큼 타격이 크고, 회복할 수 없는 좌절감을 겪을 수 있다. 그렇기 때문에 무리하지 않아야 하고, 물건을 고를 때 최소한 금액으로 낙찰받을 수 있도록 최선을 다해야 한다. 일단 초보자는 금액을 무리하지 않는 선에서 선택해야 한다. 이 물건도 금액에 맞추다 보니 찾게 된 물건 중 하나다.

공매가 장거리경주인 이유

남들이 관심 갖지 않는 계단식 4층 소재 빌라도 꾸준히 찾다 보면, 좋은 물건을 만날 수 있다. 초심을 잃지 말자는 말이 있다. 꾸준함을 잊지 말아야 한다. 사람이 늘 같을 수는 없다. 슬럼프에 빠져 방황할 때도 있고, 일이 안 풀려 힘들 때도 있다. 그때 발휘되는 힘이 꾸준한 마음인 것 같다.

공매도 마찬가지다. 늘 좋을 수만은 없다. 투자는 단거리경주가 아닌 장거리경주이기 때문에 처음 마음처럼 늘 한결같이 유지한다는 것은 힘들다. 마음에 드는 물건이 나타나지 않을 때도 많다. 투자금이 많이 드는 좋은 물건이 있는데 할 수 없을 때, 무리해서라도 꼭 하고 싶은 마음이 굴뚝같다. 하지만 다하지는 못한다. 안타까울 때도 많다. 투자금만 두둑하다면 좋은 물건, 괜찮은 아파트에 누구나 투자하고 싶지 않겠는가? 처음에는 힘들고 생각대로 되지 않아서 포기하고 싶은 마음도 굴뚝같았다. 하지만 꾸준하게 하다 보면 어느 순간 좋은 물건이 나타난다. 공매 시장에서도 꾸준함은 꼭 필요하다.

투자라는 것은 외로운 싸움이며, 어느 순간 기다림의 보상이라도 하듯 좋은 날이 온다. 그때까지 너무 전력 질주해 지치지 말고, 초조해하지도 말며, 때를 기다릴 줄 알아야 한다. 아무리 부동산 정책이 강화되어도 움직일 공간은 있다.

패찰하면 어때! 또 하면 되지!

"그 일을 하고 싶어 하는 사람은 만 명, 그 일을 시작하는 사람은 백명, 그 일을 지금도 계속하고 있는 사람은 한 명"이라는 말이 있다. 이 말은 부동산 공매에 딱 들어맞는 말이다.

실제 많은 사람이 경·공매를 하면서 수익을 얻고 싶어 하는 것이 당연하다. 수익이 없다면 이 일을 왜 하겠는가? 낙찰받은 사람들을 보면 부럽기도 하고 질투가 나기도 한다. '나도 빨리 낙찰받아서 수익을 냈으면' 한다. 하지만 마음만 가득할 뿐 실제 투자로 이어지는 경우는 많지 않다. 왜일까? 초보 경·공매 투자자들이 몇 번 하다가 낙찰에 실패하거나 낙찰받더라도 고가 낙찰로 손실을 보게 되면 포기해버리기 때문이다. 또 어떤 사람은 패찰이 인생에서 전부인 것처럼 좌절감 때문에 경·공매 시장에서 나가 버리기 때문이다. 나도 처음에 그랬다. 계속되는 패찰로 인해 조바심이 나고, 자존감도 떨어져 포기하고 싶은 순간도 많았다.

공매는 정말 관심을 두고 꾸준한 입찰참여가 중요하다. 나는 오늘도 패찰했다. 인천 남구 문학동 물건이었는데, 1억 원 미만짜리 빌라여서 혹시나 기대했지만, 안타깝게도 2등으로 패찰했다. 아깝기도 하지만 이런 일이 비일비재하다. 욕심을 많이 부리면 지속할 수가 없다. '이번에 안 되면 다음에는 될 거야!' 하는 긍정적인 에너지를 갖고 있어야 지치지 않고 공매를 계속할 수 있다.

온비드 인터넷 공매는 신탁기관 등이 한국자산관리공사 온비드 사이트에서 회원사 본인들의 물건정보를 제공하기 위해서 온비드 사이트에 입찰공고를 하고, 전자 입찰을 통해서 신탁재산 등을 매각하는 공매 절차다. 다음과 같이 온비드에서 입찰대상 물건을 찾아서 입찰하는 방법을 살펴보자.

자산 구분에서 기타 일반재산을 체크한다

신탁재산 공매물건을 온비드 화면에서 찾는 방법

이 화면에서 처분방식으로 매각 또는 임대, 입찰 기간, 용도, 소재지 등을 선택하고, 자산 구분에서 기타 일반재산을 선택하며, 신탁재산 공매물건을 찾으면 된다. 하단에 자산 구분에서 기타 일반재산을 체크하고 클릭하면 신탁재산 공매물건이 검색된다.

| 기타 일반재산 물건 검색창 |

출처 : 온비드

부천에 있는 다세대주택
낙찰 성공사례

어느 날 새벽 5시에 커피 한잔을 마시고 온비드 사이트에 들어갔다. 마음에 드는 물건을 찾았다. 로드뷰로 확인하고 실거래가 확인을 해본 결과 흥미를 유발하기 충분했다. 부천 원미구 심곡동에 비교적 양호한 위치에 전용면적은 61.73㎡(약 19평)로 된 물건이었다. 승강기가 있는 3층이라 괜찮은 물건으로 보이는데, 왜 이렇게 유찰이 됐을까? 의구심이 들었다. 9차는 최저가 1억 7,000만 원이었고, 10차는 최저가 1억 6,000만 원에 진행될 예정이었다. 마음이 급해지기 시작했다. 임장을 빨리 다녀와야 할 것 같았다.

관리반장님 덕분에 성공적이었던 임장

오전에 급한 일을 보고 나서 오후에나 임장을 갈 수 있었다. 오후에 도착하니 어둠이 내리기 시작했다. 우편함을 확인하니 우편함은 깨끗이 비어 있었고, 해당 빌라 호수에 불은 켜져 있지 않았다. 우편물이 없다는 것은 누군가 현재 살고 있다는 것이다. 불은 꺼져 있어도 아직 퇴근 전일 수도 있다. 주위를 둘러보고 있는데 나이 지긋하신 남자분이 현관 출입문 쪽에서 나를 의심스러운 눈빛으로 보고 계셨다. 좋은 기회였다. 정보를 얻고자 그분에게 친절하게 말을 걸었다.

"혹시 제가 이쪽 빌라로 이사 오려고 하는데 살기 괜찮을까요?"

그제야 의심의 눈빛이 사라지면서 자신이 이 건물을 관리하는 반장이라고 했다. 주변 환경도 괜찮고 교통도 편하다고 했다. 시민공원도 바로 옆에 있어서 살기에 좋은 동네고, 운동하기에도 좋다면서 친절하게 알려 주셨다.

1층 현관 공용게시판에는 정갈하게 청소날짜며 관리비 내역이 자세하게 적혀 있었다. 관리가 정말 잘되고 있다는 것을 알 수 있었다. 관리비는 한 달에 2만 원이라고 하시면서, 본인이 직접 관리한다고 하셨다. 3층 해당 물건이 좋아 보이는데 주인이 부재중이라 내부를 볼 수 없다고 했더니 본인 집이 바로 2층이니 선뜻 자기 집을 보여주겠다고 하셨다. 친절한 반장님 덕분에 내부구조도 볼 수 있었다. 어찌나 집 안이 깔끔한지 주방이며, 화장실, 거실까지 반장님의 깔끔함을 엿볼 수 있었다. 반장님에게 감사하다는 인사와 이사 오게 되면 꼭 찾아뵙겠다는 인사를 하고, 추가 정보를 얻기 위해 부동산 중개사무소로 향했다.

| 물건정보 |

| 차수별 입찰일시 및 최저입찰가 |

2. 차수별 입찰일시 및 최저 입찰가격

[단위 : 원]

회차	공매일시(등록가능일시)		온비드 개찰일시	최저 입찰가격
1차	2019. 4. 11	10:00 ~ 12:00	2019. 4. 12. 14:00	362,400,000
2차	2019. 4. 13	14:00 ~ 16:00	2019. 4. 12. 14:00	327,000,000
3차	2019. 4. 15	10:00 ~ 12:00	2019. 4. 16. 14:00	295,000,000
4차	2019. 4. 15	14:00 ~ 16:00	2019. 4. 16. 14:00	266,000,000
5차	2019. 4. 17	10:00 ~ 12:00	2019. 4. 18. 14:00	240,000,000
6차	2019. 4. 17	14:00 ~ 16:00	2019. 4. 18. 14:00	224,000,000
7차	2019. 4. 19	10:00 ~ 12:00	2019. 4. 22. 14:00	202,000,000
8차	2019. 4. 19	14:00 ~ 16:00	2019. 4. 22. 14:00	182,000,000
9차	2019. 4. 23	10:00 ~ 12:00	2019. 4. 24. 14:00	170,000,000
10차	2019. 4. 23	14:00 ~ 16:00	2019. 4. 24. 14:00	160,000,000

주1. 본 공매공고는 신탁관계인의 사정 등에 의하여 개찰 이전에 별도 공고 없이 공매가 중지 또는 취소되거나 공고 내용이 변경될 수 있으므로, 이와 관련하여 당사에 별도의 이의를 제기할 수 없습니다.

주2. Orbid 공매의 특성에 의거 각 일차별 공매가 유찰된 경우에 한하여 다음 차수 공매일시 전 영업일 16시까지 전자공매조건이상으로 수의계약이 가능합니다.

주3. 공매되는부동산이 부가가치세 납부 대상일 경우, 최저 입찰가격은 부가가치세 별도 금액입니다.

주4. 본 공매공고에서 매수인이 책임지는 사항 (명도 책임 근저당 등 제한 물권 등)은 매수인이 입찰 가격의 별도의 금액으로 책임지는 것이니 착오 없으시기 바랍니다.

주5. 실거래 신고금액에 대한 책임은 매수인이 지는 조건입니다.

| 부천 원미구 심곡동 다세대주택 주변 현황도 |

입찰가 판단은 내가 해야 한다

마침 바로 옆 상가 부동산 중개사무소에 문이 열려 있었다. 요즘 매매 시세가 얼마나 되는지 물어보기 위해 방문했다. 중개사무소 대표는 해당 빌라 분양 당시 자료를 갖고 있다며 보여주셨다. 그 자리에서 중개사무소를 오래 하고 있었기 때문에 신축 때부터 분양가와 실거래까지 해당 물건에 대해서 상세하게 알고 있었다. 나는 주변 개발 호재와 교통상황 등 추가 정보까지 확인할 수 있었다. 하지만 중개사무소 대표의 말은 참고로 할 뿐 입찰가는 내가 판단해서 결정해야 한다.

분양가도 대충 알았고 현재 매매가도 알았다. 그럼 입찰가를 얼마로 써야 할까? 이제부터는 고민해야 했다. 여기서부터는 본인만의 감으로 결정을 내려야 한다. 감정가는 참고로 할 뿐 현재 거래 시세가 제일 중요하기 때문이다. 그럼 8차에 도전하느냐, 9차, 10차에 도전하느냐가 문제였다. 개인적으로 무척 탐나는 물건이었지만 8차는 그냥 넘겨보기로 하고, 9차에서 결정을 내리기로 했다. 만약 8차에서 다른 사람에게 낙찰이 되어버리면 내 것이 아니라고 생각하고 포기하기로 했다. 9차 도전으로 마음을 굳혔다. 8차와 9차는 1,200만 원 정도 차이가 났다.

다행히도 8차(1억 8,200만 원)에 유찰되고 9차(1억 7,000만 원)로 넘어왔다. 그날 밤은 잠을 못 잔 거 같다. 누군가가 8차에서 가져가버리면 나는 기회를 잃는 것이기 때문에 고민할 수밖에 없었다. 1,200만 원이 아까워서 입찰을 포기해 다른 사람이 그 기회를 차지한다면 마음은 쓰릴 것이다. 하지만 그 물건은 나와 인연이 없는 것으로 과감히 잊어버려야 한다. 깨끗이 포기하고 다른 물건 찾으면 된다. 패찰하고 나면 8차에서 할걸 하고 후회할 것이다. 처음에는 그 여파가 오래갔다. 자꾸 미련이 남았던 것이다. 하지만 빨리 포기하는 것이 좋다. 온비드와 늘 함께하면 더 좋은 물건을 찾을 수 있기 때문이다.

이 빌라는 전입세대 열람을 한 결과 실제 가족 구성원이 살고 있었고, 대항력이 없으므로 도전해보기로 했다. 수차례 유찰된 물건이라 무슨 문제가 있는 물건이라고 생각할 수도 있었으나 임장을 해본 결과 별문제는 없어 보였다. 위치, 현황도, 평면도 등을 확인했지만, 이상한 점은 발견하지 못했다.

| 전입세대 열람 내역 확인 |

전입세대 열람 내역(동거인 포함)

행정기관: 인천광역시 연수구 ▮▮▮▮▮동
신청주소: 경기도 부천시 장말로 ▮▮▮▮▮번길○○, ○○○호

출력일시: 2019년 04월 19일 10:09:06
출 력 자: 김 ▮▮▮▮▮▮
페 이 지: 1

순번	세대주 성명 전입일자 등록구분	최초전입자 전입일자 등록구분	동거인수	동거인 사항
	주소			순번 성명 전입일자 등록구분
1	( ) －	－		
	해당 주소의 세대주가 존재하지 않음.			

※지번 주소 [경기도 부천시 심곡동 ▮▮▮▮▮▮▮▮▮ 호]조회 결과와 일치합니다.

－ 이하 여백 －

출처 : 행정복지센터

아침에 확인해보니 다행히도 8차에서 유찰되고, 9차로 넘어와 있었다. 안도의 한숨이 나왔다. 예감이 좋았다. 그렇다면 이제는 9차에서 입찰을 해야 하는데, 경쟁자가 과연 몇 명이나 될지 긴장되었다. 분명 10차까지 갈 것 같지는 않았다. 그러면 대체 얼마에 입찰가를 써야 할까? 이쯤 되니까 이 물건만큼은 욕심을 부리고 싶었다. 그렇다면 얼마나 높여 써야 할까? 그래 8차와 9차 사이에 1,200만 원을 벌었으니까 450만 원 더 써서 1억 7,450만 원에 입찰하기로 했다. 입찰 버튼을 클릭하고 나니 어찌나 긴장되던지 너무나 떨리고 기대가 되었다.

다음 날 온비드에서 카카오톡으로 문자가 왔다. 입찰결과 안내였다.

"낙찰을 축하드립니다!"

| 온비드 낙찰 문자 |

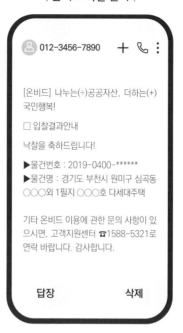

012-3456-7890

[온비드] 나누는(÷)공공자산, 더하는(+)
국민행복!

□ 입찰결과안내

낙찰을 축하드립니다!

▶물건번호 : 2019-0400-******
▶물건명 : 경기도 부천시 원미구 심곡동
○○○외 1필지 ○○○호 다세대주택

기타 온비드 이용에 관한 문의 사항이 있
으시면, 고객지원센터 ☎1588-5321로
연락 바랍니다. 감사합니다.

답장   삭제

| 상세 입찰결과 |

▤ 상세입찰결과

물건관리번호	2019-0400-▒▒▒▒▒	기관명	우리자산신탁 주식회사
물건명	경기도 부천시 심곡동 ▒▒▒▒▒▒▒▒ 제3층 제▒호 다세대주택		
공고번호	201904-10780-00	회차 / 차수	009 / 001
처분방식	매각	입찰방식/경쟁방식	최고가방식 / 일반경쟁
입찰기간	2019-04-23 10:00 ~ 2019-04-23 12:00	총액/단가	총액
개찰시작일시	2019-04-24 14:04	집행완료일시	2019-04-24 14:05
입찰자수	유효 2명 / 무효 1명(인터넷)		
입찰금액	174,500,000원 / 172,700,000원		
개찰결과	낙찰	낙찰금액	174,500,000원
감정가 (최초 최저입찰가)	323,000,000원	최저입찰가	170,000,000원
낙찰가율 (감정가 대비)	54.02%	낙찰가율 (최저입찰가 대비)	102.65%

출처 : 온비드

2등과 180만 원 차이로 낙찰받다

확인해보니 2등은 1억 7,270만 원을 썼다. 180만 원 차이로 낙찰에 성공한 것이다. 이 물건은 7개월 후에 매도하고, 2,400만 원 정도의 수익을 주었던 물건이다. 투자는 기다릴 줄도 알아야 하고, 가끔은 욕심도 부려야 한다는 것을 이 물건으로 깨달았다. 또한 유찰이 많이 된 물건이라 법적 문제가 있을 거라 미리 짐작하고 입찰을 포기했더라면, 이런 기회도 오지 않았을 것이다.

| 최종 수익 |

(단위 : 원)

항목	지출	수입	최종 수익
매도가액		210,000,000	
낙찰가액	174,500,000		
(공매자금대출(80%))	(139,000,000)		
(본인 투자금)	(35,500,000)		
취득세 등 법무 비용	2,800,000		
수리비	500,000		
대출이자 및 공실 관리비 등	2,800,000		
부동산 중개수수료 등	1,000,000		
양도사업소득세	4,024,000		
계	185,624,000	210,000,000	24,376,000

* 대출이자는 원금 1억 3,900만 원의 약 3% 이자 적용

| 공매 낙찰에 따른 을구 근저당권 설정 |

[집합건물] 경기도 부천시 심곡동 ▨▨▨▨▨▨▨▨ 제3층 제▨호

【 표 제 부 】 (1동의 건물의 표시)

표시번호	접 수	소재지번,건물명칭 및 번호	건 물 내 역	등기원인 및 기타사항
1	2016년10월25일	경기도 부천시 심곡동 ▨▨▨▨▨▨ [도로명주소] 경기도 부천시 장말로272번길 ▨▨	철근콘크리트구조 (철근)콘크리트지붕 5층 근린생활시설및 공동주택 1층 53.23 ㎡ 2층 134.86 ㎡ 3층 134.86 ㎡ 4층 127.83 ㎡ 5층 115.73 ㎡	

5	소유권이전	2019년5월27일 제44905호	2019년4월26일 매매	소유자 김동년 ▨▨▨▨▨-******* 인천광역시 ▨▨▨▨▨▨▨동 거래가액 금174,500,000원
	4번 신탁등기말소		신탁재산의처분	
6	소유권이전	2020년1월30일 제10960호	2019년12월31일 매매	소유자 유▨▨▨▨▨▨▨-******* 경기도 부천시 원미로 ▨▨호 (원미동 ▨▨▨▨▨▨) 거래가액 금210,000,000원

5	근저당권설정	2019년5월27일 제44906호	2019년5월27일 설정계약	채권최고액 금166,800,000원 채무자 김동년 인천광역시 연수구 ▨▨▨▨▨▨▨▨▨ 근저당권자 농협은행주식회사 110111-4809385 서울특별시 중구 통일로 120(중정로1가) (마포중앙지점)
6	5번근저당권설정등 기말소	2020년1월30일 제10513호	2020년1월30일 해지	

출처 : 대법원 인터넷등기소

| 공매 부동산 매매 계약서 |

공 매 부 동 산 매 매 계 약 서

본 공매부동산은 온비드 및 국제자산신탁(주) 홈페이지에 공매공고된 바에 따라 실시
한 공매에서 2019. 4. 24. 낙찰된 바 다음과 같이 매매계약을 체결한다.

　　매도인(甲) : 국제자산신탁(주)
　　매수인(乙) : 김 동 년

○ 부동산의 표시

소재지		면적(㎡)	
		전유	대지권
경기도 부천시 심곡동 335	제301호	61.73	253.2분의 32.04

- 다 음 -

제1조 (매매대금) 甲은 위 표시 부동산을 일금 일억칠천사백오십만원(₩174,500,000-)에 乙에게
매도한다.(부가가치세 없음)

제2조 (계약금)
① 乙은 계약금으로 일금 일천칠백사십오만원(₩17,450,000-)을 甲에게 지급하기로 한다.
② ①항의 계약금은 乙이 입찰 시 납부한 입찰보증금으로 대체하며, 입찰보증금이
　 계약금(낙찰 금액의 10%)이상일 경우 그 차액 또한 계약금으로서 대체한다.

제3조 (대금지급 방법 등)
① 매매대금은 다음과 같이 각각 지급하기로 한다.
• 잔금 지급 종기가 당사 영업일이 아닌 경우, 그 다음 영업일을 잔금 지급 종기로 하오니
　착오 없으시기 바랍니다.

(단위 : 원)

	입찰가격	VAT	계	지급종기
	17,450,000	0	17,450,000	입찰보증금으로 대체
	157,050,000	0	157,050,000	계약체결일로부터 30일 이내
	174,500,000	0	174,500,000	2019년 5월 2일 까지

② 乙이 제1항에 정한 기일이내에 대금을 지급하지 아니할 때에는 별도의 통보없이
계약은 해제되고, 기 납부한 계약금은 甲에게 귀속된다.
③ 매매대금 잔금의 지급장소는 반드시 아래 지정계좌에 현금으로 송금하기로 한다.

출처 : 저자 작성

등기사항전부증명서, 어렵지 않나요?

등기사항전부증명서(구 등기부등본)는 해당 부동산의 이력이 기록되어 있는 부분이다. 몇 년에도 신축되었으며 누구에게로 매매가 되었는지, 이 부동산을 담보로 대출을 어디에서, 누가, 얼마나 받았는지 등 기타 모든 사항이 빠짐없이 기록되어 있다. 이는 각 지방 등기소나 행정복지센터에서 무인 발급이 가능하고, 대법원인터넷등기소(www.iros.go.kr)에서도 열람이나 프린터 출력 발급이 가능하다.

등기사항전부증명서는 크게 표제부, 갑구, 을구로 구성되어 있다. 우리가 쉽게 접하는 아파트 등기사항전부증명서를 통해서 자세히 살펴보자.

첫 장을 표제부라고 하며 건물 1동의 소재지, 지번, 지목, 면적 등이 상세히 기록되어 있다. 아파트의 경우는 집합건물이기 때문에 건물의 1층부터 옥상까지의 면적이 자세히 기록되어 있다.

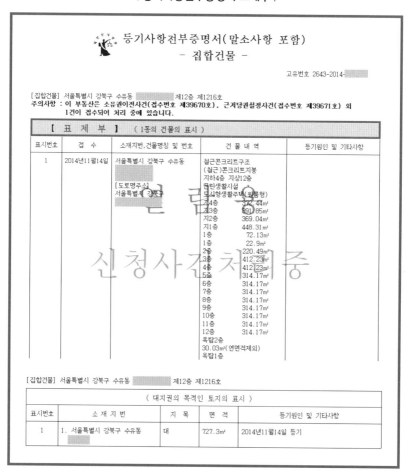

| 등기사항전부증명서 표제부 |

등기사항전부증명서(말소사항 포함)
- 집합건물 -

고유번호 2643-2014-

[집합건물] 서울특별시 강북구 수유동　　　　제12층 제1216호
주의사항 : 이 부동산은 소유권이전사건(접수번호 제39670호), 근저당권설정사건(접수번호 제39671호) 외
1건이 접수되어 처리 중에 있습니다.

【 표 제 부 】 (1동의 건물의 표시)				
표시번호	접　수	소재지번,건물명칭 및 번호	건 물 내 역	등기원인 및 기타사항
1	2014년11월14일	서울특별시 강북구 수유동 [도로명주소] 서울특별시 강북구	철근콘크리트구조 (철근)콘크리트지붕 지하4층 지상12층 근린생활시설 도시형생활주택(원룸형) 지4층　312.44㎡ 지3층　391.85㎡ 지2층　369.04㎡ 지1층　448.31㎡ 1층　72.13㎡ 1층　22.9㎡ 2층　220.49㎡ 3층　412.23㎡ 4층　412.23㎡ 5층　314.17㎡ 6층　314.17㎡ 7층　314.17㎡ 8층　314.17㎡ 9층　314.17㎡ 10층　314.17㎡ 11층　314.17㎡ 12층　314.17㎡ 옥탑2층 30.03㎡ (연면적제외) 옥탑1층	

[집합건물] 서울특별시 강북구 수유동　　　　제12층 제1216호

(대지권의 목적인 토지의 표시)				
표시번호	소 재 지 번	지 목	면 적	등기원인 및 기타사항
1	1. 서울특별시 강북구 수유동	대	727.3㎡	2014년11월14일 등기

출처 : 대법원 인터넷등기소

　　다음 장에는 전유부분의 표시가 있는데, 해당 호수의 전유부분 면적과 지분에 해당하는 대지권의 표시가 되어 있다.

| 표제부 건물내역과 대지권 비율 |

【 표 제 부 】	(전유부분의 건물의 표시)			
표시번호	접 수	건 물 번 호	건 물 내 역	등기원인 및 기타사항
1	2014년11월14일	제12층 제1216호	철근콘크리트구조 12.01㎡	
(대지권의 표시)				
표시번호	대지권종류	대지권비율		등기원인 및 기타사항
1	1 소유권대지권	727.3분의 3.045		2014년9월25일 대지권 2014년11월14일 등기

출처 : 대법원 인터넷등기소

두 번째 장에는 갑구라고 해서 소유권에 관한 사항들이 적혀 있다. 현재 누구의 소유인지, 과거 누가 소유했던 물건인지, 언제 누구한테 매매했는지도 기록되어 있다. 갑구에서는 압류, 가압류, 가등기, 가처분, 경매 등이 등기 기재되어 있다. 예시 물건은 2014년 11월에 신축되어 최초 소유권 보존등기가 한〇백 외 3인이 공유지분으로 등기 후 유〇경으로 소유권이 매매로 이전되었다. 가압류 및 근저당권에 의한 임의경매가 기록되어 있는 것을 확인할 수 있다.

| 갑구 소유권 관련 사항 |

【 갑 구 】	(소유권에 관한 사항)			
순위번호	등 기 목 적	접 수	등 기 원 인	권리자 및 기타사항
1	소유권보존	2014년11월14일 제78044호		공유자 지분 100분의 20 한▓▓▓▓▓-******* 　서울특별시 송파구 올림픽로 212, 에이동 　▓▓▓▓(잠실동, 갤러리아 팰리스) 지분 100분의 30 한▓▓▓▓-******* 　경기도 구리시 안골로 95-11, 　▓▓▓(수택동) 지분 100분의 30 김▓▓▓▓-******* 　서울특별시 강남구 개포로 516, ▓▓▓▓ 　▓▓▓(개포동, 주공아파트) 지분 100분의 20 김▓▓▓▓-******* 　서울특별시 강남구 개포로 516, ▓▓▓▓ 　▓▓▓(개포동, 주공아파트)

2	공유자전원지분전부 이전	2015년3월25일 제22045호	2015년3월5일 매매	소유자 ████████ -******* 서울특별시 강북구 삼양로69길 ██ (미아동,다솜빌라) 거래가액 금105,000,000원
3	가압류	2020년6월8일 제130480호	2020년6월8일 서울북부지방법 원의 가압류 결정(2020카단2 1400)	청구금액 금9,486,301 원 채권자 주식회사우라카드 110111-5101839 서울특별시 종로구 종로길 50 (종로동,더케이트원타워)
4	가압류	2020년6월17일 제136674호	2020년6월17일 서울북부지방법 원의 가압류 결정(2020카단2 1497)	청구금액 금21,581,070 원 채권자 엔에이치농협캐피탈주식회사 110114-3634428 서울 영등포구 국제금융로8길 27-8 (여의도동, 엔에이치농협캐피탈빌딩)
5	임의경매개시결정	2021년2월5일 제24334호	2021년2월5일 서울북부지방법 원의 임의경매개시결 정(2021타경329)	채권자 유에스더블유제4사사유동화전문 유한회사(양도전: 주식회사 신한은행) 110114-0269454 서울 중구 서소문로 116, 4층 5층 6층(서소문동, 유원빌딩)

세 번째 을구에서는 어디서 누구에게 언제 얼마를 빌렸는지 기록되어 있다. 주로 대출을 해준 은행의 이름과 취급지점이 기록되어 있으며, 개인이나 회사에서 돈을 빌린 경우 그 사람의 이름이나 회사명칭이 근저당권자로 기록되어 있다.

이 집은 김○기가 공유지분 소유자들을 대표로 해서, 우리은행에서 최초로 1동 전체에 50억 원의 건축공사 관련 대출(근저당 설정 금액은 120%인 60억 원 설정)을 대출을 받았다. 이후 분양 등의 매매로 유○경에게 최초로 소유권 이전 거래된 건물이다. 통상적으로 규모가 작은 아파트단지의 경우, 개인사업자로 신축해 소유권 보존 후 매매형식을 통해 소유권을 이전하게 된다. 소유권 보존 시 지분형식으로 여러 명의 명의로 등기하는 것은 소득세 절감을 위해서 흔히 이용되고 있다.

2015년 3월에 매수자 유○경 신한은행에서 8,400만 원(대출금액의 120% 설정)의 근저당권을 설정하고 7,000만 원의 대출받은 것을 추정할수 있다. 보통 은행은 120~130%의 채권최고액을 설정하고, 사금융이나 개인은 최고 200%까지 설정하고 있다.

【 을 구 】		(소유권 이외의 권리에 관한 사항)		
순위번호	등 기 목 적	접 수	등 기 원 인	권리자 및 기타사항
1	근저당권설정	2014년11월14일 제78048호	2014년11월14일 추가설정계약	채권최고액 금6,000,000,000원 채무자 김가 　서울특별시 강남구 개포로 516, 602동 　　호(개포동, 주공아파트) 근저당권자 주식회사우리은행 110111-0023393 　서울특별시 중구 소공로 51 (회현동1가) 　(압사역지점) 공동담보목록 제2014-363호
2	근저당권설정	2015년3월25일 제22204호	2015년3월25일 설정계약	채권최고액 금84,000,000원 채무자 유경 　서울특별시 강북구 삼양로69길 17-4, 호 　(미아동,다솜빌라) 근저당권자 주식회사신한은행 110111-0012809 　서울특별시 중구 세종대로9길 20 　(태평로2가) 　(시흥동지점)
3	1번근저당권설정등 기말소	2015년3월25일 제22339호	2015년3월25일 일부포기	

관할등기소 서울북부지방법원 등기국

출처 : 대법원 인터넷등기소

권리분석표를 직접 작성해보자

자! 이제 권리분석을 위해 등기사항전부증명서에 나와 있는 갑구와 을구의 사항을 접수날짜순으로 빠른 것부터 적어보자. 갑구를 접수날 짜순으로 먼저 기재한 다음, 을구의 날짜들을 갑구 날짜 사이에 순서대 로 넣어보면 어렵지 않다.

| 물건정보 |

용도	아파트(생활주택)	감정기관	해랑감정(2021.02.18)	채권자	유에스더블유제사차유동화전문
매각방법	개별	감정가	105,000,000원	채무자	유■경
접수일자	2021.02.03	최저가	67,200,000원	소유자	유■경
유찰/진행	2회/3회	최종결과	낙찰 (낙찰일: 2022.02.16 , 낙찰가: 78,000,000(74%))		
물건번호	1 2				

출처 : 법원 경매 정보

| 권리분석표로 말소기준권리 파악하기 |

	권리 종류	설정일	설정자	배당신청	설정액	인수	말소여부	기타
1	소유권 이전	2015. 03. 25.	전 소유자 김○기 외 3					
2	저당권	2015. 03. 25.	신한은행		84,000,000	x	말소	말소기준권리
3	임차인 (주택점유)	2019. 12. 31.	김○진	○	30,000,000	x	말소	전입 : 2019. 12. 30 확정 : 2019. 12. 30
4	가압류	2020. 06. 08.	우리카드			x	말소	
5	가압류	2020. 06. 17.	엔에이치농협캐피탈			x	말소	
6	임의경매	2021. 02. 05.	유에스더블유유동화			x	말소	경매 신청 채권자

* 3번 임차인은 해당 경매 공고문에서 신고된 사항을 기록함.
* 3번 임차인은 해당 경매 물건에 대해 2019. 12. 30. 전입신고와 확정일자를 받았으나 대항력은 익일 "0"시 즉 2019. 12. 31. "0"시부터 발생한다.

    앞서 권리분석표에서는 가장 먼저 신한은행의 근저당이 말소기준권리가 되는 것이다. 이 건과 같이 만약 소유자가 아닌 세입자가 사는 경우, 권리분석표에 그 세입자가 전입한 날짜를 기입해보면 좋다. 말소기준권리보다 앞선 순위에 있다면 인수를 해야 하는 부담이 생기므로 신중해야 한다.

물론 전입일자와 확정일자 모두 말소기준권리보다 빠르고, 배당기일 이내에 배당신청을 했다면 우선 배당이 될 것이기 때문에 인수할 부분은 없을 것이다. 반대로 전입일자가 말소기준권리보다 아래에 있다면 인수하지 않아도 되니 걱정하지 않아도 된다. 간혹 드물기는 하지만 1순위 근저당권 설정일과 전입일이 동일할 경우 전입일자 다음 날 "0"시부터 대항력이 발생하므로 임차인이 후순위가 되는 것이다.

이러한 권리분석은 웬만한 유료 사이트에서 제공하고 있다. 별도로 연습을 하거나 외울 필요는 없다. 하지만 권리분석은 가끔 맞지 않는 경우도 있기 때문에 본인 스스로 해볼 줄 알아야 한다. 그래야 실수를 하지 않고, 내 소중한 재산을 지킬 수 있는 것이다.

| 소액임차인으로 인정받는 최우선변제금액 범위 |

(2021년 5월 11일 시행)

구분	지역	우선변제를 받을 임차인의 범위	보증금 중 우선변제를 받을 일정액의 범위
1호	서울특별시	1억 5,000만 원 이하	5,000만 원 이하
2호	과밀억제권역, 용인, 화성, 세종, 김포	1억 3,000만 원 이하	4,300만 원 이하
3호	광역시, 안산, 광주, 파주, 이천, 평택	7,000만 원 이하	2,300만 원 이하
4호	그 밖의 지역	6,000만 원 이하	2,000만 원 이하

* 인천광역시는 과밀억제권역에 속한다.

앞의 담보물권설정일은 최우선담보물권(근저당권, 담보가등기, 전세권 등)의 설정일을 뜻하는데, 임대차 계약일이 기준이 아니므로 주의하자.

앞서 권리분석표 작성의 예시로 든 물건의 경우에 최선순위 근저당의 설정 일자가 2015년 3월 25일이다. 이 날짜를 기준으로 보면 임차인 김○진은 1순위 근저당권설정일보다 늦지만, 서울특별시에 소재하는 임차인으로서 2014년 1월 1일 시행 기준시점을 적용한다. 9,500만 원 이하에 해당하므로 우선변제 일정 금액 최고한도 3,200만 원 중 실제 보증금 3,000만 원 전액을 배당받는 것이다.

권리분석이
궁금해요?

공매의 가장 기본은 물건에 대한 권리분석이다. 공매나 경매로 물건을 취득하기 위해서는 입찰에 참여해 낙찰을 받으면 된다. 권리분석은 이렇게 낙찰을 받은 후에 내가 입찰서에 기재한 입찰가 이외에 추가로 인수(부담)하게 되는 권리가 있는지를 분석하는 것이다.

공매나 경매로 낙찰받아서 매각대금을 납부하면, 소유권 이전과 동시에 부동산 등기사항전부증명서에 설정되었던 권리 등이 모두 소멸해 낙찰자에게 인도되는 것이 원칙이다. 하지만 간혹 소멸하지 않고 낙찰자의 부담으로 남게 되는 권리가 있으므로 그만큼 부담을 안고 사게 된다는 사실을 이해하고 입찰가를 잘 정해야 한다. 부동산을 매입하기 전에 법률적, 경제적 하자를 미리 알아보는 과정으로 권리분석을 할 줄 알아야 수익이 얼마나 날 것인지, 손해가 날 물건인지 미리 추정할 수 있으며, 경·공매에서 기본적으로 파악해야 하는 첫 단계라고 할 수 있다.

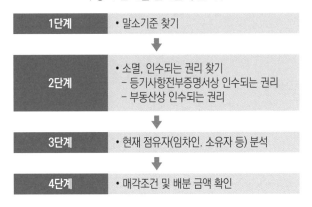

| 공매 단계별 권리분석 단계 |

| 1단계 | • 말소기준 찾기 |

| 2단계 | • 소멸, 인수되는 권리 찾기
– 등기사항전부증명서상 인수되는 권리
– 부동산상 인수되는 권리 |

| 3단계 | • 현재 점유자(임차인. 소유자 등) 분석 |

| 4단계 | • 매각조건 및 배분 금액 확인 |

1단계 : 말소기준권리 찾기

말소기준권리란 공매 사건에서 인수와 소멸을 구분하는 권리다. 공매나 경매인들이 권리분석 할 때 통칭해 사용하는 용어다. 이 말소기준권리를 찾는 것이 중요하다. 이를 포함해서 그 아래에 있는 근저당과 압류 등은 소유권 이전 후 모두 말소가 되어 깨끗한 등기사항전부증명서가 되는 것이다.

첫째, (근)저당권

둘째, 담보가등기

셋째, (가)압류

넷째, 강제경매 기입

다섯째, 배당요구 또는 경매를 신청한 선순위 전세권

담보가등기가 말소기준권리가 되는 경우는 드물다. (근)저당과 (가)압류가 말소기준권리인 경우가 많지만, 이 다섯 가지 경우는 매우 중요하니 꼭 기억하자.

2단계 : 인수되는 권리 찾기

말소기준권리보다 후순위 채권이나 권리는 모두 소멸하는 것이 원칙이다. 그러나 말소기준권리보다 선순위인 부동산에 등기된 권리가 있거나, 등기는 없지만, 부동산상 권리가 있다면 이는 소멸하지 않고 낙찰자가 인수해야 한다.

– 등기사항전부증명서상 인수해야 하는 권리
   • 말소기준권리보다 이전에 등기된 가등기, 가처분, 전세권, 지상권, 환매등기, 임대차등기, 예고등기 등이 있다.
– 부동산상 권리로 인수되는 권리
   • 대항력 있는 임차인, 유치권, 법정지상권, 분묘기지권, 지역권 등
– 말소기준권리보다 선순위지만 말소되는 권리
   • 임차권등기명령에 의한 임차권 등기(주택임대차보호법 제3조의 3), 담보가등기
   • 저당권설정가등기, 대항력 있는 임차인의 배당요구(미배당금 발생 시 낙찰자가 인수)

3단계 : 현재 점유자(임차인, 소유자) 분석

임차인이 말소기준권리 이전에 대항요건을 갖추고 있는 경우 대항력이 있어서 대항력을 주장할 수도 있다. 배분을 요구해서 우선 변제받을 수도 있는데, 전액 배분받지 못하는 경우 그 나머지 보증금을 인수하게 된다. 그러나 말소기준권리보다 후순위는 대항력이 없어서 소멸하므로, 미배분금은 임차인 본인의 손실이 된다.

건물을 낙찰받았다면 점유자를 내보내야 하는데, 실무에서는 점유자와 협의해서 일정 금액을 지급하고 해결한다. 하지만 협의가 잘 안 된 경우에는 경매에서는 잔금 납부일로부터 6개월 이내에 인도명령신청으로, 공매에서는 인도명령신청제도가 없어서 건물 명도소송을 통해서 점유자를 강제집행하게 된다. 명도소송은 소장을 법원에 접수하면 소장 부분이 점유자에게 송달되면 30일 이내에 재판기일이 정해진다. 그 기일에 다툼이 없으면 30일 이내에 판결 선고가 이뤄진다. 명도소송 시에는 소송 중에 점유자가 변경되면 소송절차를 다시 시작해야 하므로 점유이전금지가처분을 같이 신청해야 한다.

4단계 : 매각조건 및 배분 금액 확인

공매에서는 해당 공고 사항란의 '유의사항'에, 경매에서는 '매각물건명세서'상에 매각조건이 기재되어 있다. 낙찰자가 추가로 인수하거나 부동산의 하자 사항을 기재해 놓으므로 유심히 확인해야 한다.

| 매각조건 공고사례 |

- 이 건은 권리 신고한 임차인의 서류에 의해 대항력 있는 임차인이 있을 수 있으므로 사전 조사 후 입찰 바람
- 이 건은 공유물의 지분 매각으로 공유자로부터 우선 매수신청 시 매각결정 취소될 수 있음
- 이 건은 건물 매각에 포함되는 부합물 및 종물 등이 소재하므로 감정평가서상 기호 035-001, 035-002 참고 및 사전 조사 후 입찰 바람.
- 이 건은 임차내역이 관공서 열람내역과 다를 수 있으므로 정확한 점유현황 및 이용상태, 실임차인 등은 별도 재확인을 요함.

배분 금액 확인도 중요하다. 말소기준보다 선순위의 대항력 있는 임차인의 미배분금이 있는 경우 낙찰자가 부담해야 하기 때문이다.

기본 권리분석 사례
(말소기준권리 해설)

공매의 물건 대부분은 압류 공매와 신탁 공매이며, 부동산 경매의 물건은 근저당권이 말소기준등기에 해당하는 경우가 대부분이다. 공매는 국세징수법에 따라 절차가 진행된다. 경매는 민사집행법에 정해진 절차에 의해 진행되지만, 대부분의 기본적인 사항은 같으므로 일반적인 경매 절차에 의해 설명하는 것이 더 이해가 쉬울 것이다.

1. (근)저당권

아파트 등에 입찰참여를 하면 우선 근저당권 설정 시점과 주택임차인들의 최우선변제금액을 파악해야 한다. 그다음에는 선순위 근저당권자가 경매를 신청했는지, 아니면 후순위 근저당권자가 경매를 신청했는지 등기사항전부증명서를 통해 조사해야 한다. 이는 경매나 공매에서 후순위 근저당권자가 경매를 신청했을 때 잉여주의에 의해 잉여가 없는 경매나 공매를 이유로 매각 불허가가 나서 소유권을 취득하지 못할 수도 있기 때문이다.

1-1 선순위 저당권자 경매 신청의 경우

순위	등기기록내역	말소 여부
1	갑 2019. 05. 03. 저당권	말소 기준
2	을 2019. 08. 12. 임차권	말소
3	병 2020. 05. 29. 저당권	말소
4	갑 2021. 10. 08. 임의경매 신청	

말소기준권리는 최선순위인 갑의 저당권이므로 을의 확정일자 여부, 배당이나 배분신청 여부 등과 관계없이 말소된다. 병의 저당권도 배당 여부와 상관없이 말소된다.

1-2 후순위 저당권자 경매 신청의 경우

순위	등기기록내역	말소 여부
1	갑 2019. 08. 20. 저당권	말소 기준
2	을 2019. 09. 11. 임차권(대항력+확정일자)	말소
3	병 2020. 05. 29. 저당권	말소
4	병 2021. 10. 09. 임의경매 신청	

갑의 저당권이 말소기준권리가 된다. 따라서 을의 확정일자 임차권과 병의 저당권은 말소대상이다. 그런데 후순위 근저당권의 실행으로 해당 부동산이 매각되어 그 선순위 저당권이 소멸하면 비록 후순위 저당권자에게는 대항할 수 있는 임차권이더라도 선순위 저당권자보다 후순위이므로 함께 소멸한다.

1-3 (근)저당권 이전에 용익물권(전세권, 임차권 등)이 있는 경우

순위	등기기록내역	말소 여부
1	갑 2019. 10. 02. 전세권(배당요구 않은 경우)	인수
2	을 2020. 08. 12. 저당권	말소기준
3	병 2021. 05. 31. 저당권	말소
4	을 2021. 10. 07. 임의경매 신청	

순위	등기기록내역	말소 여부
1	갑 2018. 10. 22. 임차권(대항력 + 확정일자)	인수
2	을 2018. 12. 11. 근저당권	말소 기준
3	병 2021. 10. 12. 저당권	말소
4	을 2021. 11. 11. 임의경매 신청	

　말소기준권리인 저당권보다 먼저 설정된 용익물권(전세권, 임차권 등), 가처분, 환매등기, 대항력을 갖춘 임차권 등은 매각으로 인해 소멸하지 않으므로 매수자가 인수해야 한다. 사례에서는 최선순위 을의 저당권이 말소기준권리가 된다. 따라서 병의 저당권은 말소대상이다.

　말소기준권리인 을의 저당권보다 선순위인 갑의 전세권은 배당요구를 하면 소멸해 낙찰인은 인수하지 않아도 되나 배당요구를 하지 않으면 인수를 하게 된다.

　말소기준권리는 을의 근저당권이다. 병의 저당권은 말소되는 권리다. 말소기준권리인 을의 근저당권보다 선순위인 갑의 확정일자가 있는 임차권은 대항력과 우선변제권을 갖는다. 따라서 배당요구 여부에 따라 말소 또는 인수하게 된다. 또한 배당요구를 했으나 보증금 전액을 배당받지 못할 때는 매수자에게 대항해 남은 보증금을 받을 때까지 대항력을 행사할 수 있다는 점도 주의해야 한다.

1-4 선순위 근저당권이 대위변제된 경우

순위	등기기록내역	말소 여부
1	갑 2018. 10. 22. 근저당권 1,000만 원	말소 기준
2	을 2018. 12. 12. 임차권 5,000만 원	갑의 근저당권을 대위변제해서 인수
3	병 2019. 10. 21. 근저당권 3,000만 원	말소
4	병 2021. 11. 22. 임의경매 신청	

갑의 근저당권이 말소기준권리이므로 이후 을의 임차권과 병의 근저당권은 말소대상이다. 그러나 만일 최우선순위 채권액이 소액일 경우 후순위 임차인이 자신의 보증금을 지키기 위해 선순위 저당권을 대신 변제해서 선순위 임차인의 권리를 확보할 수 있다. 따라서 최선순위 채권액이 소액이면, 대위변제 가능성을 염두에 두고 있어야 한다.

2. 가압류

채권자가 채무자를 상대로 소송하기 전에 추후 소송에서 승소하더라도 실제 강제집행단계에서 채무자 소유 재산이 없으면 소송이 쓸모없게 된다. 따라서 보통은 소송제기 전에 채무자 소유 재산에 가압류를 한다. 가압류신청은 약 3주일 이내에 가압류집행이 이뤄지므로 신속하게 처리될 수 있다. 가압류채권도 배당받을 수 있으므로 매각으로 소멸한다. 가압류가 최선순위인 경우에는 후순위 권리가 저당권과 같은 물건이라 하더라도 가압류와 후순위 물권은 동순위로 취급되어 안분비례에 의해 배당된다. 따라서 가압류등기가 있는 상태에서 소유권 이전 등기가 된 경우에는 주의를 필요로 한다.

2-1 가압류와 저당권이 동순위인 경우

순위	등기기록내역	말소 여부	배당
1	갑 2017. 03. 30. 가압류 5,000만 원	말소 기준	4,000만 원
2	을 2017. 05. 30. 1번 근저당권 5,000만 원	말소	5,000만 원
3	병 2018. 06. 29. 2번 근저당권 5,000만 원	말소	3,000만 원
4	병 2019. 10. 10. 임의경매 신청		

가압류권자와 각 저당권자는 동 순위로 각 채권액에 비례해서 4,000
만 원씩 안분배당을 받는다.

$$(산출산식 : \frac{5,000}{갑\,5,000 + 을\,5,000 + 병\,5,000} = 4,000만 원)$$

그러나 1번 저당권이 2번 저당권보다 우선하므로 을은 채권부족액
1,000만 원을 병으로부터 흡수해 배당받아 최종 5,000만 원을 배당받
게 된다. 병은 3,000만 원을 배당받게 된다.

2-2 전 소유자에 대한 가압류

순위	등기기록내역	말소 여부	배당
1	갑 2018. 02. 12. 가압류 3,000만 원	말소	3,000만 원
2	을 2019. 04. 22. 소유권 이전	–	
3	병 2020. 06. 30. 근저당권 5,000만 원	말소 기준	2,000만 원
4	병 2021. 10. 08. 임의경매 신청		

전 소유자로부터 현 소유자로 이전되면서 전 소유자에 대한 가압류
를 말소시키지 않고 이전되었고, 현 소유자의 채권자가 임의경매를 신

청한 경우다. 이러면 법원은 가압류 청구금액을 배당해 공탁한 후 가압류등기는 말소하고 있다.

3. 전세권

전세권은 원칙적으로 말소의 대상이 아니다. 즉 다른 말소기준권리보다 앞선 전세권은 매수인이 인수하는 것이 원칙이다. 그러나 전세권자가 배당을 요구하거나 경매 신청을 해서 모두 다 배당 받을 경우 그 전세권은 말소기준권리가 되어 소멸한다.

3-1 말소기준권리 이전에 설정된 선순위 전세권

① 배당요구를 하지 않은 경우

순위	등기기록내역	말소 여부	배당
1	갑 2019. 03. 29. 전세권 7,000만 원(배당요구×)	인수	4,000만 원
2	을 2019. 05. 30. 근저당권 8,000만 원	말소 기준	8,000만 원
3	병 2019. 09. 25. 근저당권 4,000만 원	말소	4,000만 원
4	병 2020. 12. 08. 임의경매 신청		

말소기준권리는 을의 저당권이다. 따라서 병의 저당권은 배당을 받고 소멸한다. 말소기준인 저당권보다 선순위인 갑의 전세권은 배당요구를 하지 않으므로 매수인에게 인수된다. 따라서 경매되면 갑의 전세권은 낙찰자에게 인수되며, 을 8,000만 원, 병 4,000만 원을 배당받는다.

② 배당요구를 하거나 경매 신청을 하는 경우

해당 사례에서 최선순위 전세권일지라도 배당요구를 하면 매수인에게 인수되지 않고 배당 후 소멸하게 된다. 따라서 1순위인 전세권자 갑에게 7,000만 원을 배당하고, 2순위 근저당권자 을에게 남은 금액 5,000만 원을 배당하며, 3순위 근저당권자 병에게는 배당이 없는 결과가 된다.

- **전세권이 말소기준이 되는 경우(민사집행법 제91조 제4항)**
  - 선순위 전세권자가 경매 신청한 경우
  - 선순위 전세권자가 배당요구한 경우

3-2 말소기준 이후에 설정된 전세권

순위	등기기록내역	말소 여부	배당
1	갑 2021. 01. 08. 근저당권 2,000만 원	말소 기준	2,000만 원
2	을 2021. 05. 31. 전세권 8,000만 원	말소	8,000만 원
3	병 2021. 06. 23. 저당권 4,000만 원	말소	2,000만 원
4	병 2021. 10. 08. 임의경매 신청		

선순위로 말소기준인 근저당권이 설정되어 경매가 진행된 경우에는 전세권자 을은 순위에 의해 배당받고 소멸한다. 즉, 최선순위 근저당권 설정 이후의 전세권은 매수인에게 인수됨이 없이 소멸한다.

3-3 부분 전세인 경우

순위	등기기록내역	말소 여부	배당
1	갑 2018. 01. 22. 전세권(1층, 배당요구 ○)	말소 기준(불완전)	2,000만 원
2	을 2018. 03. 23. 임차권(2층)	인수	8,000만 원
3	병 2018. 07. 16. 근저당권	말소 기준	2,000만 원
4	병 2019. 10. 11. 임의경매 신청		

부분 전세일 경우에는 선순위 전세권자라도 건물 전체를 임의경매 신청할 수 없다. 그러나 전세금반환소송을 통해 확정판결을 받아 강제 경매 신청한다면 건물 전체에 대한 경매를 신청할 수 있다.

선순위 배당권자가 배당요구를 한다면 전세권은 경매로 인해 소멸하고 배당순위에 의해 배당을 받는다. 그러나 선순위 전세권이 전체 전세가 아니고 부분 전세일 때, 즉 전세권자의 점유 부분(1층)과 임차인의 점유 부분(2층)이 다른 경우에는 전세권이 경매로 소멸하더라도 임차권자 을의 권리는 말소기준권리인 근저당권보다 먼저 대항력을 갖췄기 때문에 경매로 인해 소멸하지 않고 매수인이 인수해야 한다.

낙찰 가능성
높이는 법

공매 초보자는 기본 권리분석을 하고 물건에 대한 임장을 한 후 입찰하고 수없이 많은 패찰을 경험하게 된다. 그러다 낙찰을 위한 낙찰을 받게 되어 수익이 생기지 않거나 심지어는 손실을 경험하고 경매, 공매를 포기하는 경우를 주변에서 많이 보게 된다. 또 일부는 그러한 실패를 만회하고자 유치권과 같은 더 어렵고 복잡한 물건에 집착하고 더 큰 손실을 보기도 한다. 그렇다면 아파트와 같은 비교적 단순하지만 많은 사람과의 경쟁에서 수익을 추구하기 어려운 공매에서 벗어나 수익을 올리려면 자기만의 투자 기준이 있어야 한다. 본인이 선호하는 방향과 기준을 설정해야 하는 것이다.

이론과 실전을 따로 생각하지 마라

공매는 이론과 실전이 별개인 것이 아니다. 아무리 법에 대해 잘 아는 법률 전문가일지라도 실전 경험이나 감각이 없다면 직접 투자로 연결하기는 어렵다. 항상 이론과 실전이라는 두 가지를 병행해야 한다. 아무런 지식이 없는 상태에서 아무리 현장에서 바쁘게 임장한다 한들 헛된

수고만 있을 뿐이다. 지식과 실전이 병행해야 수익으로 연결될 수 있는 것이다.

도피식 입찰은 하지 말자

왜 나는 낙찰을 받지 못하고 패찰만 하는 것일까? 이런 고민은 초보자라면 누구라도 했을 것이다. 나 또한 수없이 패찰하고 낙담을 했다. 그들 중에는 높은 경쟁률을 피하려고, 복잡한 물건에 관심을 가지고 도전하는 사람들도 있다. 하지만 단지 경쟁을 피하기 위해 도피식 투자를 한다면, 그 이후에도 긍정적인 결과는 나오기 힘들 것이다. 그나마도 나중에는 경매, 공매를 포기하고 떠나버리는 경우가 많다.

경쟁자들과 물건 검색 기준이 달라야 한다

많은 사람과 경쟁을 피하면서도 수익을 올릴 수 있은 나만의 투자 방법이 있어야 한다. 만약에 없다면 지금부터라도 만들어나가야 한다. 일단은 물건을 검색하는 방법 중 나만의 기준이 있어야 한다는 것이다. 그 기준이 법률적으로 복잡하거나, 어느 한 방향으로 치우쳐서도 안 된다. 가치 투자에만 집중해서도 안 된다. 나의 투자금과 지금의 부동산 정책 흐름과 부과되는 세금 등을 잘 고려해서 본인만의 투자 방법을 찾아야 한다.

단독으로 낙찰받는 방법

단독으로 낙찰받았다고 해서 권리분석이 복잡하거나 특수물건이기만 한 것은 아니다. 복잡해 보여도 잘 분석해보면 쉽게 마무리되는 물건들이 있었다. 명도가 어려워 보여 망설였던 물건들도 있었다. 하지만 이해관계를 알고 잘 풀어가면 명도가 어렵지 않게 풀렸다. 투자에서 경험으로 느낀 것은 이론도 매우 중요하지만, 물건 검색과 임장에서 감각을 키우는 것도 매우 중요하다는 것이다. 다른 사람들이 어렵다고 느끼고 흘려보내는 물건들을 잘 권리분석한다면 좋은 성과로 이어진다. 이것이 단독낙찰을 받는 방법이다.

투자하려면 빠른 결단도 필요하다

투자라는 것은 불확실성에 투자하는 것이다. 내가 낙찰받은 물건이 얼마만큼의 수익을 남겨 줄 것인지 미래의 가치까지 볼 수 있어야 한다. 투자를 잘하려면 빠른 결단이 필요하고, 거기에 본래의 가치를 찾을 때까지 인내 또한 필요하다. 몇 년 동안 책만 보고 이론만 쌓아가는 사람들도 있다. 완벽한 준비가 되지 않아서 망설여진다면, 실행력과 결단이 부족한 것이다. 어느 정도 준비가 되었다면 불안한 마음이 들더라도 과감하게 도전해야 한다. 그렇지 않으면 낙찰이라는 짜릿한 경험을 하지 못한다.

유찰 원인부터 파악하자

나는 유찰의 원인부터 파악했다. 투자를 잘하려면 이 물건이 왜 유찰되었는지, 어떤 부분에서 유찰의 원인이 발생했는지 잘 파악해야 한다. 나는 원인과 문제점을 정확하게 찾고 난 다음에, 해결 방법을 놓고 거기에 합당하다면 입찰을 시도한다. 원인도 파악하지 않은 채 최저 입찰가격이 낮다는 이유만으로 입찰에 참여하면 큰 낭패를 볼 수도 있다. 절대 겉모습으로 판단해서는 안 된다.

현장조사는 매의 눈으로 꼼꼼하게 하자

현장조사는 어떤 물건이든 반드시 해야 한다. 어떤 사람들은 현장에 가보지도 않고 입찰하는 사람들이 종종 있는데, 그것은 위험하다. 임장은 반드시 해야 하는 필수 사항이다. 겉으로 판단해서는 안 된다. 인터넷 등으로 비교적 정보를 얻기 편하다고 해서, 그냥 넘어가서는 안 된다는 것이다. 직접 현장에 가서 인프라는 어떤지 교통, 편의시설, 학군, 지역, 분위기 등 여러 가지를 파악할 수 있으려면 직접 눈으로 확인하는 작업이 필요하다. 나는 어떤 물건이든 임장을 가지 않는 경우는 없다. 그 누구보다도 빠르게 움직이는 편이다. 새벽이든, 주말이든 필요하면 바로 달려간다.

08
주택임대차보호법
해설

　주거용 건물의 주택임대차보호법의 적용 범위는 주택의 전부, 일부만이 아니라 임차주택의 일부가 주거목적으로 사용되지 않을 때도 적용된다. 등기사항전부증명서 또는 건축물대장에 용도가 공장, 창고 등으로 되어 있더라도, 현실적으로 주거용으로 임차해 사용하고 있다면 임대차보호법이 적용대상이 된다. 다만 주거용 건물의 임대차일지라도 일시사용을 위한 임대차가 명백한 경우에는 적용하지 않는다.

주택임대차보호법의 적용 대상	주택임대차보호법의 미적용 대상
• 등기된 건물(다가구주택, 다세대주택, 아파트) 등 • 미등기 건물(소유권 보존등기를 하지 않은 건물)을 주거용으로 사용하는 경우 • 준공필증을 받지 못한 건물이 주거용으로 사용되는 경우 • 무허가 건물, 가건물의 주거용으로 사용되는 경우 • 방에 딸린 가게나 가내공장 • 오피스텔이 주거용으로 사용되는 경우 • 원룸주택, 하숙집	• 보증금이나 월세를 내지 않는 임대차 • 일시사용을 위한 임대차 : 콘도, 여관, 호텔, 민박 등 • 비주거용 건물(공장, 창고 등을 임대인 동의 없이 임의로 개조해 주거용으로 사용하는 경우 • 영업행위 목적의 고시원 • 기숙사, 법인 명의로 임차 계약한 주택

주택임대차의 존속기간

1. 임대차 최단기간 제한

임대차기간을 정하지 않거나 기간을 2년 미만으로 정한 임대차는 그 기간을 2년으로 본다. 다만, 임차인은 2년 미만으로 정한 기간이 유효함을 주장할 수 있다. 임대차가 종료한 때도 임차인이 보증금을 반환받을 때까지는 임대차 관계는 존속한다고 본다. 따라서 임대차가 종료된 후 임대인이 보증금을 반환하지 않은 상황은 임대차 관계가 존속하는 것으로 본다.

| 주택임대차 존속기간 |

기간 약정이 있는 경우	• 2년 이상이면 → 약정에 따른다.
	• 2년 미만이면 → 2년이 된다. 임차인은 2년 미만 주장 가능
기간 약정이 없는 경우	• 2년이 된다.

2. 묵시적 계약의 갱신

임대인이 임대차기간 만료 전 6개월부터 2개월까지의 사이에 임차인에 대해서 갱신거절의 통지 또는 조건을 변경해 통지하지 않으면, 전임대차와 동일한 조건으로 다시 임대차한 것으로 본다. 임차인은 계약종료 2개월 전까지 임대인에게 통지하지 않는 경우도 효력은 똑같다(주택임대차보호법 제6조 ①항).

묵시적 계약갱신 후 임대인은 2년 동안 해지를 주장할 수 없으나 임차인은 2년의 임대차기간을 주장할 수 있고, 임차인이 원하지 않을 경우 언제든지 계약을 해지할 수 있다. 다만 임차인의 해지 통고는 임대인에게 도달한 날부터 3개월이 지나야 효력이 발생한다(주택임대차보호법 제6조의 2).

대항력이 뭔가요?

대항력은 제삼자에게 효력이 있는 것으로, 임차주택이 매매, 상속, 경매, 공매 등의 이유로 **임대인**(소유자)**이 변경되더라도 임차주택에 대해 임대차 내용을 주장할 수 있는 법률상의 권리**를 말한다. 대항력이 있는 임차인은 주택을 사용·수익할 수 있는 권리와 보증금반환 청구권 등의 권리를 갖게 된다.

대항력이 있는 임차인이 법원에서 보증금을 전액 배당받지 못하면, 임차인은 낙찰자가 나머지 금액을 변제할 때까지 해당 물건을 비워 주지 않아도 된다. 이는 배당요구신청을 하지 않는 경우에도 마찬가지다. 또한 대항력을 갖춘 임차인의 경우 확정일자를 받게 되면 우선변제를 받게 된다.

대항력의 요건을 살펴보자. 대항력 있는 임차인이 되기 위해서는 저당권, 근저당권, 가압류, 가등기 등 최선순위권리가 될 수 있는 권리보다 앞서 임대차 계약을 하고, **주택의 인도**와 해당 부동산에 **주민등록 전입신고**를 해야 한다. 그러면 전입한 다음 날 오전 "0"시부터 대항력이 생기는 것이다.

두 가지 요건은 반드시 동시에 갖춰야 하는 것은 아니며, 두 가지 요건 중 늦은 요건이 갖춰지는 시점을 기준으로 대항력이 발생한다. 즉,

먼저 임차주택에 이사하고 주민등록을 나중에 전입하는 경우에는 주민등록을 마친 때를 기준으로 대항력이 발생한다. 그런데 대항요건을 판단하면서 두 가지 요건 중 특히 주민등록이 중요한 요소가 된다. 주택의 인도(거주)는 경매나 공매 시점에서 입증하는 것이 어렵기 때문이다.

대항력은 취득 시뿐만 아니라 그 대항력을 유지하기 위해 계속 존속하고 있어야 한다. 주민등록을 전입했다가 일시 다른 곳으로 이전하면 이전 시에 대항력을 상실하며, 다시 원래의 주소지로 재전입하면, 재전입한 때로부터 새로운 대항력이 다시 발생한다. 다만, 임차인 본인뿐만 아니라 임차인의 배우자나 자녀 등 가족의 주민등록도 대항력을 갖춘 것으로 본다. 가족의 주민등록을 둔 채 본인의 주민등록만을 옮겼더라도 대항력은 유지된다.

대항요건과 관련된 문제들(부실한 주민등록)

1. 주민등록과 저당권 설정이 동일한 경우

동일자에 저당권이 설정되고 주민등록 전입신고가 이뤄졌다면 임차인의 대항력은 전입신고를 한 이후 다음 날 오전 "0"시부터 발생하기 때문에 저당권자가 우선한다.

2. 전입신고를 잘못한 경우

전입신고 당시 착오로 임차주택의 소재지 지번을 잘못 기재해 주민등록표에 다른 지번이 기재되었다면 보호를 받을 수 없다. 따라서 임차인은 제삼자가 임차주택을 양수받거나 근저당권, 가압류, 압류 등의 등기가 있기 전에 실제 지번에 맞도록 주민등록을 신속하게 정정해야만 그때부터 보호를 받을 수 있다.

3. 주민등록 주소와 등기사항전부증명서의 불일치

실제 동 표시가 나동인 신축 다세대주택 201호를 임차해 사전 입주하면서 주민등록신고 역시 나동 201호로 마쳤다. 그런데 준공검사 후 건축물대장이 작성되는 과정에서 다동으로 등재되고 그에 따라 등기기록도 다동 201호로 소유권 보존 등기가 되었다. 이처럼 주민등록이 공부상의 동 표시와 불일치하게 되었다면 주택임대차보호법의 보호를 받을 수 없다.

주민등록은 거래의 안전을 위해 임대차의 존재를 제삼자가 명백히 인식할 수 있게 하는 공시방법으로 마련된 것이므로, 등기사항전부증명서의 주소와 주민등록이 일치해야 한다. 특히 다세대주택, 연립주택, 아파트 등 공동주택의 경우 주민등록의 표시가 불일치한 경우 대항요건으로 인정되지 않는다. 그러나 다가구주택, 단독주택은 공동주택이 아니므로, 지번만 일치하면 되고 호수를 기재하지 않거나 일치하지 않더라도 대항요건은 유효하다.

4. 다세대주택 임대차계약서에 동·호수가 빠져 있는 경우

다세대주택의 경우에는 주민등록상에 주택소재지의 지번만 기재되어 있고, 동·호수 표시는 기재되어 있지 않는 경우가 있다. 주민등록에 동·호수를 기재하지 않으면 제삼자의 관점에서 임차인이 그 다세대주택에 몇 동, 몇 호에 주소를 가졌는지 알 수 없기 때문이다.

우선변제권이 뭔가요?

우선변제권은 임차인이 주택임차권의 대항요건과 임대차계약서상의 확정일자를 갖추면, 경매 또는 공매될 경우 임차인의 보증금을 확정일자 교부일 이후에 설정된 후순위 담보권자나 일반 채권자보다 우선해 변제받을 수 있는 권리를 말한다.

우선변제권이 성립되려면 다음과 같은 요건을 갖춰야 한다. 우선변제의 성립요건을 갖춘 임대차는 보증금의 과다와 관계없이 우선변제권을 행사할 수 있다.

첫째, 대항력(주택의 인도와 전입신고)을 갖춰야 한다.
둘째, 임대차계약서에 확정일자를 받아야 한다.
셋째, 배당요구종기일 이내에 배당요구신청을 해야 한다.
넷째, 배당요구종기일까지 전입 및 점유를 하고 있어야 한다.

주택임대차의 경우 확정일자는 해당 행정복지센터에서 받을 수 있다. 상가 임대차의 경우 관할 세무서에서 받을 수 있다.

최우선변제권이 뭔가요?

최우선변제권은 경매 또는 임차인이 공매 시 해당 물건의 낙찰대금에서 근저당 등 다른 권리보다 소액에 해당하는 일정 금액을 우선해 받아갈 수 있는 제도다. 최우선변제권이 인정되려면 다음 요건이 필요하다. 다만, 최우선으로 보호되는 소액임차보증금액의 합계액은 임차주택에 대한 경매대금의 1/2을 초과할 수 없다.

첫째, 경매기입등기 이전에 대항력을 갖춘다.
둘째, 보증금의 액수가 소액보증금에 해당해야 한다.
셋째, 배당요구종기일 이내에 배당요구신청을 해야 한다.
넷째, 근저당권, 전세권, 담보가등기 등이 등기된 부동산의 경우 근저당권 등이 등기될 당시의 법이 적용된다. 확정일자는 최우선변제 요건에 포함되지 않는다.

담보물권설정일은 최우선담보물권(근저당권, 담보가등기, 전세권 등)의 설정일을 뜻하는데, 임대차 계약일이 기준이 아니므로 주의하자.

| 소액임차인으로 인정받는 최우선변제금액 |

기준시점	지역	우선변제를 받을 임차인의 범위	보증금 중 우선변제를 받을 일정액의 범위
1990. 2. 19.~	서울특별시, 광역시	2,000만 원 이하	700만 원
	기타 지역	1,500만 원 이하	500만 원
1995. 10. 19.~	특별시 및 광역시(군지역 제외)	3,000만 원 이하	1,200만 원
	기타 지역	2,000만 원 이하	800만 원
2001. 9. 15.~	수도권정비계획법에 따른 수도권 중 과밀억제권역	4,000만 원 이하	1,600만 원
	광역시(군지역과 인천광역시지역 제외)	3,500만 원 이하	1,400만 원
	그 밖의 지역	3,000만 원 이하	1,200만 원

2008. 8. 21.~	수도권정비계획법에 따라 수도권 중 과밀억제권역	6,000만 원 이하	2,000만 원
	광역시(군지역과 인천광역시지역 제외)	5,000만 원 이하	1,700만 원
	그 밖의 지역	4,000만 원 이하	1,400만 원
2010. 7. 26.~	서울특별시	7,500만 원 이하	2,500만 원
	수도권정비계획법에 따른 과밀억제권역(서울특별시 제외)	6,500만 원 이하	2,200만 원
	광역시(수도권정비계획법에 따른 과밀억제권역에 포함된 지역과 군지역 제외), 안산시, 용인시, 김포시 및 광주시	5,500만 원 이하	1,900만 원
	그 밖의 지역	4,000만 원 이하	1,400만 원
2014. 1. 1.~	서울특별시	9,500만 원 이하	3,200만 원
	수도권정비계획법에 따른 과밀억제권역(서울특별시 제외)	8,000만 원 이하	2,700만 원
	광역시(수도권정비계획에 따른 과밀억제권역에 포함된 지역과 군지역 제외), 안산시, 용인시, 김포시 및 광주시	6,000만 원 이하	2,000만 원
	그 밖의 지역	4,500만 원 이하	1,500만 원
2016. 3. 31.~	서울특별시	1억 원 이하	3,400만 원
	수도권정비계획에 따른 과밀억제권역(서울특별시 제외)	8,000만 원 이하	2,700만 원
	광역시(수도권정비계획법에 따른 과밀억제권역에 포함된 지역과 군지역 제외), 세종특별자치시, 안산시, 용인시, 김포시 및 광주시	6,000만 원 이하	2,000만 원
	그 밖의 지역	5,000만 원 이하	1,700만 원

2018. 9. 18.~	서울특별시	1억 1,000만 원 이하	3,700만 원
2018. 9. 18.~	수도권정비계획법에 따른 과밀억제권역(서울특별시 제외), 세종특별자치시, 화성시	1억 원 이하	3,400만 원
	광역시(수도권정비계획법에 따른 과밀억제권역에 포함된 지역과 군지역 제외), 안산시, 김포시, 광주시 및 파주시	6,000만 원 이하	2,000만 원
	그 밖의 지역	5,000만 원 이하	1,700만 원
2021. 5. 11.~	서울특별시	1억 5,000만 원 이하	5,000만 원 이하
	과밀억제권역, 용인, 화성, 세종, 김포	1억 3,000만 원 이하	4,300만 원 이하
	광역시, 안산, 광주, 파주, 이천, 평택	7,000만 원 이하	2,300만 원 이하
	그 밖의 지역	6,000만 원 이하	2,000만 원 이하

🔆 Tip 확정일자 받은 계약서 분실 시 구제방법

주택임대차계약서에 확정일자를 받아 보관하던 중 부주의로 분실하고 말았다. 만일 현재 거주하고 있는 임차주택에 경매나 공매 절차가 개시되는 경우 배당요구를 하려면 계약서가 필요하다. 만일 임대인의 동의해 임대차계약서를 다시 작성하더라도 소급해 최초 계약서에 받은 확정일자인과 같은 날짜의 확정일자를 받을 수 없다. 왜냐하면 현재 확정일자 부여기관의 확정일자 업무처리는 단순히 주택임대차계약서에 확정일자를 찍어 줄 뿐이고, 보증금 액수 등 그 계약서의 내용을 확인한 후 그에 관한 자료를 남겨두지 않기 때문이다. 따라서 임차인이 선택할 수 있는 최선의 방법은 계약서를 다시 작성해 현재의 시점에서 새로 확정일자를 부여받는 것이다.

상가임대차보호법
해설

상가건물임대차보호법의 적용대상은 세무서에 사업자등록의 대상이 되는 상가 건물로 일시사용인 경우를 제외한 임대차에 적용한다. 다만, 대통령령이 정하는 일정보증금액을 초과하는 임대차에 대해서는 적용하지 아니한다. 즉 모든 상가 건물의 임대차에 예외 없이 보호를 받는 것이 아니고, 일정 금액 이하의 보증금을 내고 입주한 영세상인만이 보호를 받을 수 있다. 보증 금액이 보호 대상을 초과하는 상가 건물에 대해서는 상가건물임대차보호법이 아닌 민법상의 일반 임대차 규정이 적용된다. 사업자등록의 대상이 되는 건물에는 특별한 제한이 없으므로 건물의 용도가 주거, 즉 주택도 임차인이 이를 사업 활동에 사용하는 경우에는 법의 적용이 된다.

환산보증금

보증금을 정할 때는 해당 지역의 경제 여건 및 임대차 목적물의 규모 등을 고려해 지역별로 구분해 규정하되, 보증금 외에 월세 차임이 있는 경우에는 그 차임액에 100을 곱해 환산한 금액을 보증금에 포함해야 한다. 예를 들어 서울 소재 상가 임대차가 보증금이 5억 원이고, 월세가 500만 원이라면, 환산보증금은 5억 원 + (500만 원 × 100) = 10억 원이 된다. 서울은 보증금 제한이 9억 원 이하라서 상가임대차보호법의 보호를 받을 수 없다. 상가의 권리금은 관행상 기존 임차인과 새로운 임차인 사이에 주고받는 것으로 상가임대차보호법과는 무관하다.

상가 임대차 대항력

대항력이란 건물의 소유권이 이전되는 경우 임차인은 새로운 소유자에게 임차권을 주장할 수 있는 것으로, 임차인은 임대차 계약기간 중에는 물론, 이 기간이 지나도 보증금을 전액 돌려받지 않으면 건물을 비워주지 않아도 된다. 대항력은 건물을 인도받고, 세무서에 사업자등록을 신청한 경우 신청일의 다음 날부터 발생한다. 사업자등록을 신청하기 전에 그 건물에 이미 저당권 등기나, 가압류 등으로 경매나 공매가 이루어져 소유권이 변경된 경우 새로운 소유자에게 임차권이나 보증금 반환을 주장할 수 없는 것이다.

1. 확정일자와 우선변제권

확정일자는 세무서장이 계약서 존재를 인정한 날짜로 세무서장은 계약서에 확정일자, 일련번호를 기재하고 관인을 날인한다. 임차인이 대항력 요건(건물의 인도와 사업자등록신청)을 갖추고, 임대차계약서에 확정일자를 받으면, 건물이 경매 또는 공매되는 경우에도 확정일자보다 후순위 채권자에 대해 우선변제 받을 수 있다. 즉, 전세권 등기와 동일한 효력이 있는 것이다. 사업자등록을 하지 않고 확정일자만 받은 경우 대항력과 우선변제권이 없다.

2. 신청대상자

보증금과 차임(월세) 환산액[월세×100]]을 합한 금액이 지역별 환산 보증금액 이하인 상가 건물 임차인이다. 상가 건물만 대상이므로 종교·자선단체·친목모임 사무실 등은 해당하지 않는다.

상가 임대차 최우선변제권

최우선변제권이란 상가 건물의 경매 또는 공매 때문에 소유권이 이전되는 경우에도 경매 절차에서 상가 건물 가액의 2분의 1 범위 안에서 보증금 중 일정액을 다른 모든 권리자보다 최우선으로 해 배당받을 수 있는 권리를 말한다. 최우선변제권은 최우선변제권이 인정되는 보증금액 이하로 임차인이 대항요건만 갖추면(건물을 인도받고 사업자등록 신청) 발생하는 것으로 확정일자와는 상관이 없다. 따라서 확정일자 없어도 당연히 최우선변제권이 생긴다.

소액임차인으로서 최우선변제를 받으려면 상가 건물에 대한 경매나 공매 등기 전에 대항력(건물 인도+사업자등록 신청)을 갖춰야 하며, 배당요구종기(첫 매각기일)까지 배당신청을 해야 한다.

상가 임대차기간 및 계약갱신 요구

1. 임대차기간

상가 건물의 임대차기간은 자유롭게 정할 수 있다. 그러나 기간을 정하지 않거나 1년 미만으로 정한 때는 기간을 1년으로 본다. 다만, 임차인은 1년 미만으로 정한 기간이 유효함을 주장할 수 있다.

2. 계약갱신 요구

① 임차인은 임대차기간 만료 6개월 전부터 1개월 전까지 임대인에게 계약갱신 청구를 할 수 있다. 이때 임대인은 정당한 사유 없이 이를 거절하지 못한다.

② 임차인의 계약갱신요구권은 최초의 임대차기간을 포함해 10년을 초과하지 않는 범위 내에서 행사할 수 있다. 즉, 임차인은 1년의 임대차 계약이 종료되면 임대차 계약을 해지할 수도 있고, 더 연장하고 싶으면 다시 계약갱신청구권을 행사해 총 10년 동안 임대차 존속기간을 보장받아 영업할 수 있다.

3. 계약갱신된 임대차의 조건

임대인이 임대차기간 만료 6월 전부터 1월 전 사이에 임차인에 대해 갱신거절의 통지 또는 조건의 변경에 대해 통지를 하지 아니한 경우에는 그 기간이 만료된 때에 전 임대차와 동일한 조건으로 다시 임대차한 것으로 본다. 이 경우 임대차의 존속기간은 없는 것으로 본다. 따라서 임차인은 언제든지 임대인에게 계약해지의 통고를 할 수 있고, 임대인이 그 통고를 받은 날로부터 3개월이 경과하면 그 효력이 발생하고, 임차인이 해지통지를 받은 경우 1년 후에 효력이 발생한다.

| 상가임대차보호법 보호 대상 보증금 범위 |

시행 일자	지역	상가 임대차 보호 대상
2002. 10. 14.	서울특별시	2억 4,000만 원 이하
	수도권정비계획법에 따른 수도권 중 과밀억제권역	1억 9,000만 원 이하
	광역시(군지역과 인천지역 제외)	1억 5,000만 원 이하
	기타 지역	1억 4,000만 원 이하
2008. 8. 21.	서울특별시	2억 6,000만 원 이하
	수도권정비계획법에 따른 수도권 중 과밀억제권역	2억 1,000만 원 이하
	광역시(군지역과 인천지역 제외)	1억 6,000만 원 이하
	기타 지역	1억 5,000만 원 이하
2010. 7. 26.	서울특별시	3억 원 이하
	수도권정비계획법에 따른 수도권 중 과밀억제권역	2억 5,000만 원 이하
	광역시(과밀억제권역에 포함된 지역과 군 지역은 제외), 안산시, 용인시, 김포시 및 광주시	1억 8,000만 원 이하
	기타 지역	1억 5,000만 원 이하
2014. 1. 1.	서울특별시	4억 원 이하
	수도권정비계획법에 따른 수도권 중 과밀억제권역	3억 원 이하
	광역시(과밀억제권역에 포함된 지역과 군 지역은 제외), 안산시, 용인시, 김포시 및 광주시	2억 4,000만 원 이하
	기타 지역	1억 8,000만 원 이하
2018. 1. 26.	서울특별시	6억 1,000만 원 이하
	수도권정비계획법에 따른 수도권 중 과밀억제권역	5억 원 이하
	광역시·안산·용인·김포·광주·세종·파주·화성시	3억 9,000만 원 이하
	그 밖의 지역	2억 7,000만 원 이하
2019. 4. 17. ~ 현재	서울특별시	9억 원 이하
	수도권정비계획법에 따른 수도권 중 과밀억제권역, 부산	6억 9,000만 원 이하
	광역시·세종·파주·화성·안산·용인·김포·광주시	5억 4,000만 원 이하
	그 밖의 지역	3억 7,000만 원 이하

* 인천광역시는 과밀억제권역에 속한다.

| 최우선 변제되는 보증 금액의 범위 |

시행 일자	지역	최우선변제 보호 대상	우선변제 받을 최우선변제금액
2002. 10. 14.	서울특별시	4,500만 원 이하	1,350만 원 이하
	수도권 중 과밀억제권역	3,900만 원 이하	1,170만 원 이하
	광역시(군지역과 인천지역 제외)	3,000만 원 이하	900만 원 이하
	기타 지역	2,500만 원 이하	750만 원 이하
2010. 7. 26.	서울특별시	5,000만 원 이하	1,500만 원 이하
	수도권정비계획법에 따른 수도권 중 과밀 억제권역	4,500만 원 이하	1,350만 원 이하
	광역시(과밀억제권역과 군 지역은 제외), 안산시, 용인시, 김포시 및 광주시	3,000만 원 이하	900만 원 이하
	기타 지역	2,500만 원 이하	750만 원 이하
2014. 1. 1. ~ 현재	서울특별시	6,500만 원 이하	2,200만 원 이하
	과밀억제권역(서울 제외)	5,500만 원 이하	1,900만 원 이하
	광역시(과밀억제권역과 군 지역은 제외), 안산시, 용인시, 김포시 및 광주시 -2018. 1. 26. 추가 지역 세종, 파주, 화성	3,800만 원 이하	1,300만 원 이하
	기타 지역	3,000만 원 이하	1,000만 원 이하

* 인천광역시는 과밀억제권역에 속한다.

공매 물건,
인터넷 손품으로 조사하기

공매는 온비드 사이트에서 권리분석과 물건 조사가 끝나면 임장 가기 전에 컴퓨터나 핸드폰으로 주변의 기본적인 시세를 알아볼 수 있다. 지금은 앉아서 로드뷰로 부동산 중개사무소 전화번호를 얼마든지 알아볼 수 있기 때문에 필요할 때 언제든지 궁금한 사항을 물어볼 수 있다.

겪어보니 속이고 하는 것보다 솔직하게 이야기하고 물어보는 것이 더 좋은 방법인 것 같다. 분명 귀찮아하는 부동산 중개사무소도 있다. 하지만 요즘은 웬만하면 친절하게 답해 준다. 임장 가기 전에 손품부터 팔고 가면 임장하는 데 한결 수월해진다. 네이버 부동산에 들어가서 상세페이지로 이동하면 매매가나 전세, 월세 시세를 확인할 수 있고 면적별 금액도 확인할 수 있다. 네이버 부동산, 국토교통부 실거래가 공개시스템, 디스코 등의 다양한 부동산 사이트로 들어가면 지역별, 거래유형별, 부동산 종류별로 검색할 수 있기 때문에 기본적인 사항은 손품으로 얼마든지 물건 파악이 가능하다.

국토교통부 실거래가 사이트(rt.molit.go.kr)

네이버에 들어가서 국토교통부 실거래가 공개시스템으로 들어간다. 다음 화면을 검색해서 아파트, 연립주택, 다세대주택, 단독주택, 다가구주택, 오피스텔 등의 실제 거래된 가격과 거래 시기를 확인할 수 있다. 부동산 매매계약서를 작성할 때나 부동산 임대차계약서를 작성할 때도 시세를 확인하고 계약해야 안전하고 확실하다. 이렇게 일차적으로 인터넷에서 매매와 전세, 월세 시세를 확인하고, 이차적으로 부동산 중개사무소 3~5군데에 전화해서 현황을 파악한 다음 현장 방문까지 해서 정확한 시세를 파악해야 한다.

출처 : 국토교통부 실거래가 공개시스템

여러 가지 중에 내가 찾는 물건 아파트, 연립주택, 다세대주택을 클릭한다.

좌측에 주소를 클릭한다. 우리 빌라 위치를 확인한다.

찾고자 하는 빌라는 노란색으로 표시된다.

유사한 빌라는 파란색으로 표시되며, 비슷한 빌라를 10개 이상 찾아본다.

내가 검색하고 있는 물건이 몇 년 식 빌라인지를 확인하고 비슷한 연식 물건을 검색하면 된다. 너무 차이가 나는 건축 연도면 패스한다.

이런 식으로 최소 10개 이상 찾으면 이곳의 평단가를 대략적으로 파악할 수 있다.

| 연립주택, 다세대주택 검색 |

출처 : 국토교통부 실거래가 공개시스템

| 네이버 지도를 통한 로드뷰 |

출처 : 네이버 로드뷰

　로드뷰를 이용해서 알 수 있는 것들이 있다. 네이버 지도에 들어가서 해당 주소를 입력하면 해당 물건을 로드뷰로 확인할 수 있다. 요즘 포털 사이트 지도에는 실제 거리의 사진을 찍은 로드뷰 서비스가 제공되고 있다. 바쁜 현대인들에게 매우 유용한 서비스다. 나는 임장 가기 전에 꼭 한번 확인하는 절차다. 공매 정보지에서 제공하는 현장사진은 해당 물건에 관한 것이다. 로드뷰를 이용하면 해당 물건의 외관은 물론, 주변 상황까지 대략 살펴볼 수 있다. 직접 현장에 가서 내 눈으로 확인하기 전에 클릭 몇 번으로 시행착오와 시간 낭비를 줄일 수 있다.

　물건을 선택하면서 한 번은 거쳐서 가야 하는 코스이고, 상당한 장점을 가진 사이트다. 로드뷰로 지형을 파악할 수도 있다. 지도로 볼 때는 몰랐는데 로드뷰로 보니 언덕이 상당히 심한 곳도 파악이 된다. 경사도가 심한 곳은 아무래도 평지보다 선호도가 떨어질 수밖에 없다. 또한, 학생이 있는 집이라면 통학 길도 무시할 수가 없기 때문에 미리 통학 길도 찾아볼 수 있다. 큰 도로를 지나치는지, 위험한 곳은 없는지, 물건지 주변에 편의점이 있는지, 학교와의 거리는 얼마나 걸리는지 알 수 있고 각종 편의시설도 확인할 수 있다.

어려운 빌라 시세, 사이트를 잘 활용하자

빌라 시세는 연식, 구조, 방향, 주차장, 승강기 유무, 수리상태, 경사도 등에 따라 다르다. 100% 정확한 시세가 정해져 있지 않은 이유이기도 하다. 나름대로 정확하게 알아볼 방법은 물건과 가까이 있는 부동산 중개사무소에 전화해서 물어보면 된다. 로드뷰로 5~6군데 찾아서 전화해 보자.

내가 알고 싶은 지역이나 관심 있는 지역 정보는 네이버 포털 사이트에서 지번을 입력하고 지도를 살펴보면, 한눈에 학교나 관공서들이 대충 파악이 된다. 소형 아파트나 빌라가 밀집된 곳들은 자녀가 어리거나 학생인 가정이 많아 학교와 가까운 곳을 선호하기 때문에 학교에서 가까운 곳을 선택한다는 것을 알면 쉽게 파악할 수 있다.

공매뿐만 아니라 부동산 투자의 기본은 입지이고, 입지를 파악하려면 항상 지도를 가까이하는 것이 좋다. 아는 부동산 중개사무소가 있으면 대형 지도를 하나 구입할 수 있도록 부탁하면 어렵지 않게 구할 수 있다. 집에 붙여 놓고 낙찰이 됐거나, 임장을 다녀오거나 한 후 표시해 두면 다음에 좋은 자료가 된다.

디스코 앱(www.disco.re) 활용

- 구글 플레이스토어에서 '디스코'를 검색하면, 그중에서 디스코-우리 동네 부동산 앱을 설치하고 사용하면 된다.

디스코 앱을 활용하면 유용하다. 이 앱을 실행하면 언제, 얼마에 거래가 되었는지 실거래가 확인이 가능하고, 주소지의 기본정보와 최근 몇 년간의 실거래가까지 확인할 수 있다. 매물정보, 경매정보, 토지정보(개별공시지가), 건물정보(건축물대장), 로드뷰까지도 가능하므로 언제든지 휴대폰에서도 앱을 깔아놓고 이용하면 어렵지 않게 사용할 수 있다. 디스코는 내가 찾고 있는 물건의 현재 실거래가와 주변 실거래가까지도 알 수 있고, 중개사무소 정보까지 볼 수 있어 쉽게 이용할 수 있다. 물건에 대한 자세한 내용까지도 파악할 수 있다.

출처 : 디스코

현재 내가 찾고자 하는 주소를 클릭하고 들어가면 쉽게 확인할 수 있다. 지도를 누르면 위성, 지형, 지적순으로 되어 있다. 섞어가면서 활용하면 좋고 다양하게 이용할 수 있다. 측정을 누르면 거리, 면적까지 표시가 되어 있기 때문에 직선거리도 대략 알 수 있다.

법률적으로 권리분석에 관한 공부를 마친 투자자들이 실제 물건 검색을 위해 필요한 사이트로는 다음과 같은 것들이 있다.

• 대법원 법원 경매 정보(www.courtauction.go.kr)
• 대법원 인터넷등기(www.iros.go.kr)
• 대한법률구조공단(www.klac.or.kr)
• 지지옥션(www.ggi.co.kr)
• 옥션원(구 굿옥션)(www.auction1.com)

출처 : 디스코

측정을 누르면 거리와 면적이 표시된다. 측정하고자 하는 지점과 대략적인 직선거리를 측정해보면 된다. 면적을 클릭하고 필지를 하나 누르면 공시지가, 평수, 지번 등이 표시된다. 오른쪽 밑 건물 보기를 누르면 건물도 볼 수 있다. 거리 기능을 클릭해서 내가 원하는 위치를 클릭 한 번으로 거리를 쉽게 측정할 수 있다.

부동산에 관한 앱이나 사이트는 여러 가지가 있기 때문에 본인에게 맞는 것을 찾아서 적절하게 사용하면, 성공 투자에 한 걸음 더 다가갈 수 있을 것이다.

출처 : 각 앱과 사이트 홈

신탁 공매 다세대주택에서
권리분석은 어떻게 하면 될까?

신탁재산 등의 공매에서 권리분석은 공적 장부를 통해서 확인하는 방법과 수탁사의 공매 담당자 그리고 우선수익자(대출금융기관)를 통해서 현황 등을 확인하는 방법이 있다. 잘 이용하면 괜찮은 수익을 낼 수 있다.

1. 공적 장부를 이용해서 권리를 분석하는 방법

등기사항전부증명서와 신탁원부 확인 방법

신탁원부는 등기소에서 직접 발급받아야 하는 번거로움이 있지만, 요즘은 일정한 비용(약 ₩10,000원 내외)을 지불하면 신탁원부 발급 대행업체를 통해 직접 받아보거나 이메일 등으로 해상도 높은 스캔 등본을 받아 볼 수도 있다(네이버 등에서 '인터넷신탁원부 전자민원서비스'를 입력). 신탁원부를 발급받을 때 수탁사로 등기된 신탁등기일과 그 이전의 소유자(위탁자)를 확인한다. 그리고 신탁원부에서 대출을 실행한 금융기관(우선수익자) 등의 채권 금액 등을 확인한다.

① 등기사항전부증명서 확인

| 등기사항전부증명서 갑구 소유권 관련 사항 |

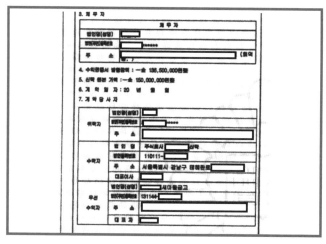

[집합건물] 경기도 부천시 심곡동 〇〇〇호

【 갑　　구 】 (소유권에 관한 사항)				
순위번호	등 기 목 적	접　수	등 기 원 인	권리자 및 기타사항
1	소유권보존	2016년10월25일 제114690호		소유자 국제자산신탁주식회사 110111-2003236 서울특별시 강남구 테헤란로 419, 20층(삼성동)
	신탁			신탁원부 제2016-2726호
2	소유권이전	2016년10월25일 제114692호	2016년10월25일 신탁재산의귀속	소유자 서울특별시 송파구 삼전로6길 201호(삼전동)
	1번 신탁등기말소		신탁재산의 귀속	
3	소유권이전	2016년11월17일 제125966호	2016년9월18일 매매	소유자 ＊＊＊＊＊＊＊ 경기도 부천시 (심곡동,)
4	소유권이전	2017년10월30일 제101078호	2017년10월30일 신탁	수탁자 국제자산신탁주식회사 110111-2003236 서울특별시 강남구 테헤란로 419, 20층(삼성동)

출처 : 대법원 인터넷등기소

② 신탁원부에서 위탁자와 수탁자, 그리고 우선수익자를 확인하고 이들 서
로 간에 부동산 담보신탁계약 대출금액과 이자내역 등을 확인한다.

| 부동산 담보신탁계약서 |

출처 : 법원 등기소

③ 행정복지센터 등에서 전입세대열람과 신탁 등기일을 기준으로 대항력 여부 확인

전입세대열람 등을 통해 해당 물건에 거주하는 세대를 확인해야 한다. 전입세대원이 위탁자 본인이거나 그 가족구성원이라면 낙찰자에 대항할 수 없다. 만약 제삼자가 대항요건을 갖추고 있다면 대항력이 있을 수 있으니 잘 확인해봐야 한다. 신탁등기일을 기준으로 신탁등기 이전에 대항요건을 갖춘 임차인은 대항력이 있어서 매수자가 인수해야 한다. 하지만 신탁 공매의 경우 명의를 신탁회사로 이전하는 명의신탁으로서 실질적이고 법적인 소유권은 신탁회사이므로 임대차 계약의 당사자는 전주인인 위탁자가 아니라 수탁자인 신탁회사인 것이다. 따라서 신탁회사로 소유권 이전 후 전 소유자(위탁자)에 의해 발생하는 임대차는 낙찰자에게 대항할 수 없어 명도 대상인 것이다.

④ 건축물대장과 건물 현황도, 평면도 확인하기

| 건축물현황도와 건축물대장 |

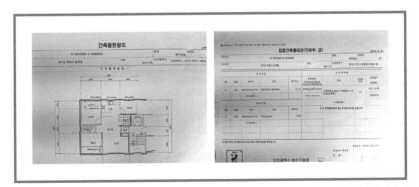

출처 : 행정복지센터

이러한 서류들은 정부24(www.gov.kr)와 행정복지센터에서 발급받아 확인할 수 있다.

이렇게 꼼꼼하게 분석하는 이유는 신탁 공매에서 감정평가서에서 확인할 수 없는 부분들이 있고, 확인할 수 있더라도 자세하지 않은 경우가 많이 있기 때문이다. 그리고 불법 확장 등 불법 건축물 등으로 인해 이행강제금 부과 등 뜻하지 않는 손실들이 있을 수 있으니 세심하게 살펴보는 게 좋다.

2. 수탁사의 공매 담당자 그리고 우선수익자를 통해서 확인하는 방법

앞에서와 같이 확인사항 외에도 수탁사의 공매 담당자와 우선수익자(대출금융기관)를 통해 확인해서 추가사항을 알아보면 된다. 간혹 부재중일 수도 있으나 친절하게 답해주니 편안하게 전화하면 된다. 특히 대출기관인 우선수익자는 대출 심사계에서 전입세대 열람 등을 통해 대항력이나 선순위 채권 등의 유무를 판단하고 대출을 실행하므로 공매대상 물건에 대해서 잘 알고 있다. 우선수익자의 연락처는 수탁사에 문의하면 된다.

시·군·구청의 단속이나 민원에 의해 불법건축물로 단속이 되면 몇 차례 계고와 시정명령을 한다. 그래도 시정되지 않으면 건축물대장 갑구에 위반건축물과 그 위반에 해당하는 부분 및 면적 등을 기재하게 된다.

이러한 경우에 철거하고 증빙자료를 시·군·구청에 제출한다. 그렇게 하면 건축물대장에서 위반건축물이라는 표시를 삭제하게 되지만 철거가 이뤄질 때까지 불법건축물로 표시되고 이전의 소유자가 불법건축물로 불법개축을 했더라도 이행강제금은 현재의 건축 소유자에게 부과하게 된다.

낙찰자도 소유권을 취득하게 되면, 그때부터 이행강제금을 부담할 수밖에 없는 것이다. 이러한 이행강제금은 지자체 주택과 또는 건축과 담당자에게 문의해서 확인할 수 있다. 특히 빌라 맨 끝 층을 유심히 잘 살펴봐야 한다. 위반건축물이 간혹 설치되어 있기 때문이다.

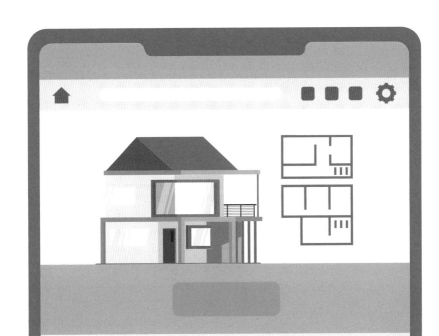

PART 4

공매 :
매각과 배분 절차

압류재산 공매는
왜 발생하나요?

압류재산 공매는 조세, 공과금 등의 체납이 있는 경우 세무관서(국세), 지방자치단체(지방세), 각종 공과금기관(공과금) 등은 조세, 공과금 체납자에게 일정한 기간 해당 세금에 대해 납부할 것을 독촉하게 된다. 독촉해도 납부하지 않으면 체납자의 재산을 압류한다. 이를 한국자산관리공사에 매각 대행을 의뢰하게 되고, 위임받은 한국자산관리공사가 공매를 진행하게 된다.

세무서장, 지방자치단체장, 각종 공과금 징수기관의 장 등은 압류재산을 환가할 때, 이를 공매에 붙이며(국세징수법 제103조) 한국자산관리공사(KAMCO)에 대행하게 할 수 있다. 한국자산관리공사 온비드에 공매 의뢰하고 선순위 채권 과다 여부나 공부상 하자 여부, 압류금지재산 여부 등을 판단해 공매 가능 여부를 확인한다. 매각의 실익이 없으면 공매 대행 의뢰가 반려되며, 매각의 실익이 있으면 정상적으로 수임함으로써 공매가 시작된다.

공매 참가자 자격 제한

인터넷 공매 입찰참가자 준수규칙 제4조에서는 국세징수법 제80조, 81조에 근거해 입찰자격을 제한하고 있다. 다음 각 호의 어느 하나에 해당하는 사람(그 사실이 있고 난 뒤 2년이 지나지 않은 자를 사용인, 그 밖의 종업원으로 사용한 자와 이러한 자를 입찰대리인으로 한 자를 포함한다)에 대해서는 그 사실이 있고 난 뒤 2년간 공매참가를 제한한다.

① 입찰하려는 자의 공매참가, 최고가 매수신청인의 결정 또는 매수인의 매수대금 납부를 방해한 사실이 있는 사람

② 공매에 있어 부당하게 가격을 떨어뜨릴 목적으로 담합한 사실이 있는 사람

③ 거짓 명의로 매수 신청한 사실이 있는 사람

④ 폭언, 소란 등의 행위로 입찰하는 담당직원의 직무집행을 현저하게 방해한 사실이 있는 사람

⑤ 공사가 운영하는 온비드로 실시하는 공매(이하 인터넷 공매)를 방해하기 위한 목적 등으로 온비드를 정상적으로 작동되지 않게 하거나 이와 유사한 행위를 한 사람

⑥ 매수신청가의 유지나 특정인의 입찰을 위해 담합 등 입찰의 자유 경쟁을 부당하게 저해하는 불공정 행위를 한 자

⑦ 업무담당자 등에게 직간접적으로 뇌물이나 부당한 이익을 제공하는 행위를 한 사실이 있는 사람

⑧ 체납자, 세무공무원 및 공사 임직원, 매각 부동산을 평가한 '감정평가 및 감정평가사에 관한 법률'에 따른 감정평가법인(같은 법 제29조에 따른 감정평가법인의 경우 그 감정평가법인 및 소속 감정평가사) 등

공매 진행
기관별 권리분석

압류재산 공매

한국자산관리공사가 세무관서 등으로부터 공매 대행을 의뢰받아 부동산을 강제로 매각하는 절차다. 경매와 같이 말소기준권리를 기준으로 소멸주의를 택하고 있다. 매각대금으로 공매를 위임한 세무관서와 그 밖에 등기사항전부증명서에 기재된 채권, 등기되어 있지는 않더라도 배분받을 권리가 있는 채권자에게 배분하는 절차로 마무리한다. 특히 매각조건을 확인하기 위해서 공매 공고문과 공매 재산명세서를 명확하게 확인해야 한다.

국유재산 공매

국가 소유 재산의 관리와 처분을 위임받아 일반인에게 매각 또는 임대(대부)하는 재산이다. 위임된 재산을 수탁받아 일반인에게 공개경쟁 입찰방식으로 매각하게 되어 공매 공고문만 정확히 이해해도 예측하지 못한 손실은 발생하지 않는다.

수탁재산 공매

1. 금융기관과 공공기관 소유 비업무용 재산 등을 금융기관 또는 공공기관으로부터 매각을 위임받아 한국자산관리공사가 일반인에게 공개경쟁 입찰방식으로 매각한다.
2. 양도세 감면대상 물건을 위임받아 한국자산관리공사가 일반인에게 공개경쟁 입찰방식으로 매각한다.

유입재산 공매

부실채권을 인수하는 과정에서 법원 경매를 통해 한국자산관리공사 명의로 유입한 재산을 일반인에게 공개경쟁 입찰방식으로 매각한다.

이용기관 등의 공매

이용기관 등이 매각이나 임대(대부)를 한국자산관리공사 온비드 사이트에 회원가입 후 온비드 사이트를 통해 이용기관 등이 직접 매각절차를 진행하게 된다.

금융기관, 신탁회사, 기업 등의 직접 공매

은행, 신탁회사, 기업 등이 감정평가기관의 평가금액을 기초로 최초 매각예정금액으로 정한다. 이를 신문에 공고해 공개경쟁 입찰방식으로 금융기관 등이 직접 매각절차를 진행한다. 부동산 담보대출을 위해 신탁회사 명의로 소유권을 이전하고 수익증권을 발행해 대출한도를 늘리려는 경우에 흔히 이용된다.

💡Tip 공매 재산명세서의 작성과 게시

공매 재산명세서는 입찰 시작 7일 전까지 작성 비치된다. 공매 재산명세서 내용에는 세금의 법정기일, 점유자 내역, 각종 배분 요구 및 권리 신청 현황, 입찰 시 유의사항 등이 있다.

매각예정가
결정

    2개 이상의 감정평가기관의 평가액을 산술평균해서 최초매각예정가격으로 정해 매각하는 것이 대부분이다. 그러나 이용기관에 따라서 감정평가 비용까지 계산해 최초매각예정가로 하는 경우도 있다. 그밖에 감정가액이 시세보다 많은 차이를 보이면, 이 금액에 시가를 반영해서 최초매각예정가를 정해 매각하기도 한다. 이러한 감정평가서는 입찰대상 물건정보에 첨부해 공개한다. 하지만 일부는 자체적으로 감정평가서를 보관하고, 입찰 희망자가 있으면 방문하는 경우에 한해 열람하고 있기도 한다.

    최초매각예정가는 감정가를 기준으로 결정한다. 유찰된 경우에는 최초매각예정가의 100분의 10에 해당하는 금액을 체감해 매각한다. 단, 압류의 원인이 되는 조세채권보다 선순위 채권이 있는 경우 선순위 채권과 체납처분비를 합산한 금액 이하로는 유찰될 수 없다. 최초매각예정가에서 50%까지 유찰된 가격에도 낙찰되지 않으면, 새로 매각예정가를 정해 재공매가 가능하며 단, 매수인이 대금 미납을 해 재공매가 실시된 경우에는 낙찰 당시의 매각예정가로 매각된다.

05
공매
공고

매각예정가가 결정되면 온비드 공매 공고에 등록한다. 공매 재산명세서는 입찰 시작 7일 전까지 작성해 입찰 마감 전까지 비치하게 된다. 매수대금의 납부기한은 낙찰가 3,000만 원 미만은 매각결정을 한 날부터 7일 이내이고, 3,000만 원 이상은 매각결정일로부터 30일이다. 입찰 기간은 월요일 오전 10시부터 수요일 오후 5시까지 총 3일이다. 개찰은 목요일 오전 11시에 공고가 된다. 또한, 공매 재산이 공유지분이면 우선매수권이 있다는 사실과 매각결정기일은 개찰일로부터 3일 이내라는 부분에 유의한다. 그 사항은 다음과 같다.

국세징수법 제72조(공매 공고)

① 세무서장은 공매하려는 경우 다음 각호의 사항을 공고해야 한다.
  1. 매수대금을 납부해야 할 기한(이하 "대금납부기한"이라 한다)
  2. 공매 재산의 명칭, 소재, 수량, 품질, 공매 예정가격, 그 밖의 중요한 사항
  3. 입찰서 제출 또는 경매의 장소와 일시(기간입찰의 경우 그 입찰서 제출 기간)
  4. 개찰의 장소와 일시
  5. 공매 보증을 받을 경우 그 금액

---

6. 공매 재산이 공유물의 지분 또는 부부공유의 동산·유가증권인 경우 공유자(체납자는 제외한다. 이하 같다)·배우자에게 각각 우선매수권이 있다는 사실
7. 배분 요구의 종기
8. 배분 요구의 종기까지 배분을 요구해야 배분받을 수 있는 채권
9. 매각결정기일
10. 매각으로 소멸하지 아니하고 매수인이 인수하게 될 공매 재산에 대한 지상권, 전세권, 대항력 있는 임차권 또는 가등기가 있는 경우 그 사실
11. 공매 재산의 매수인으로서 일정한 자격이 필요한 경우 그 사실
12. 공매 재산명세서, 감정평가서, 그 밖의 입찰가격을 결정하는 데 필요한 자료
13. 차순위 매수신청의 기간과 절차

출처 : 법제처 국가법령정보센터

공매도 경매와 마찬가지로 부동산 등기사항전부증명서에 공매 공고에 대한 등기가 기입된다.

| 등기사항전부증명서 등기 기입 |

[집합건물] 인천광역시 남동구 만수동 ▨▨▨▨▨▨ 아파트 제106동 제5층 ▨▨▨▨

순위번호	등 기 목 적	접 수	등 기 원 인	권리자 및 기타사항
13-1	공매공고	2020년7월31일 제352576호	2020년7월29일 공매공고(한국 자산관리공사 2020-07597-001)	
14	압류	2019년2월21일 제60702호	2019년2월21일 압류(징수부-66 1)	권리자 국민건강보험공단 111471-0008863 강원도 원주시 건강로 32 (반곡동, 국민건강보험공단) (인천남동지사)

출처 : 대법원 인터넷등기소

채권신고
기한

　배분 요구의 종기까지 채권신고 및 배분 요구를 해야만 배분받을 수 있다. 배분 요구에 따라 매수인이 인수해야 하는 부담이 바뀌게 되는 경우 배분 요구의 종기가 지난 후에는 배분 요구를 철회할 수 없다. 2012년 12월 1일부터 각 채권자에게 배분요구종기일이 통지되게 되었다. 최선순위 임차인이나 주택임차, 상가임차인은 배분 요구 신청을 해야 배분받을 수 있다. 공매에 투자하고자 하는 경우 임차인 등이 배분 요구를 했는지 확인해야, 낙찰 후 예상치 못한 임차인 인수 부담을 없앨 수 있다.

입찰의 마감,
개찰 및 낙찰자 결정

　압류재산 인터넷 공매에서는 월요일 10시부터 수요일 17시까지 3일간의 입찰 기간을 주며, 입찰자는 최저매각예정가의 10%를 입찰 마감시간까지 보증금으로 납부한다.

　익일 목요일 11시에 개찰해서 최고액입찰자(낙찰자)를 공표하고 있다. 개찰일로부터 3일 후 월요일 오전 10시에 매각 결정한다. 그래서 입찰자들은 이 시간에 입찰결과를 '온비드 메뉴-나의 온비드'에서 확인할 수 있다.

　낙찰은 최저매각예정가 이상으로 입찰한 사람 중에서 최고가로 매수 신청한 사람을 낙찰자로 결정한다. 개찰 결과 유효한 입찰자가 없는 경우는 유찰된 물건으로 그다음 주 최저매각예정가를 10% 저감하고 다시 입찰 진행한다.

　다만 최고가매수신고인이 2인 이상 동일한 가격일 때에는 온비드의 무작위 추첨시스템으로 낙찰자를 결정하게 된다. 입찰결과는 한국자산관리공사 온비드에서 확인할 수 있으며 낙찰과 유찰 여부 확인은 입찰자 본인의 책임 사항이다. 현장입찰의 경우에는 최고가매수인이 동일한 경우에는 최고가매수자만을 대상으로 재입찰을 하게 된다.

매각결정 이후 매수자는 정해진 기한 내에 매수대금을 납부해야 한다. 이때 낙찰금액이 3,000만 원 미만일 때는 매각결정일로부터 7일 이내에 매수대금을 납부해야 하고, 낙찰금액 3,000만 원 이상일 때에는 매각결정일로부터 30일 이내에 납부를 해야 한다. 납부일 경과 시 지정된 납부기한 이후 영업일로부터 10일 이내 재지정할 수 있다. 단, 납부일 재지정 이후에도 납부하지 못하면 매각결정이 취소된다.

소유권 이전 절차

매수대금을 납부한 후 60일 이내 소유권 이전 등기를 해야 한다. 온비드의 경우 등기촉탁신청을 통해서만 소유권 이전이 가능하다.

| 소유권 이전 필요서류 |

1. 매각결정통지서
2. 보증금 납부영수증
3. 잔금 납부영수증
4. 등기청구서
5. 등기필증 수령요청서
6. 등기사항전부증명서(부동산 등기부등본)
7. 토지(임야), 건축물대장
8. 취득세 및 등록세면허세 납입 영수증
9. 매수자 주민등록등본 또는 초본
10. 국민주택채권 매입필영수증
11. 등기신청수수료 납입영수증
12. 매입재산이 농지인 경우 농지취득자격증명, 농지원부
13. 서류 제출 후 2~3주 후 등기필증 수령 가능

- 소유권 이전에 필요한 구비서류의 발급비용은 매수자 부담이다.
- 서류를 모두 준비해서 공사 방문 또는 우편으로 접수하게 되면 공사는 촉탁서를 작성해 등기소로 송부한다.

배분 순위

공매에서 배분이란 매수인이 납부한 압류재산의 매각대금에 대해서 관계 법령이 정하고 있는 법정 순위에 따라 조세채권자 및 다른 채권자들에게 교부하는 것을 의미한다. 공매는 경매와는 달리 배분 절차에 눈에 보이지 않는 함정이 있는 경우가 있다. 투자자는 배분 절차 및 배분 순위를 알고 처리할 수 있어야 함정을 피할 수 있다. 가끔 간단하다고 생각해 권리분석만으로 입찰해서 추가로 인수해야 하는 상황이 발생해 계약금은 몰수당하고, 잔금 대금 미납을 하는 경우가 발생하기도 한다.

조세채권은 법정기일, 임차인은 전입일자와 확정일자, 소액임차인은 전입일자, 담보채권은 설정일자를 기준으로 배분 순위를 판단한다.

배분기일의 지정

해당 부동산이 낙찰되고 캠코에서 매각결정 된 후 매수인에게 대금 납부기한을 주고 매각결정통지서를 교부한다. 그리고 매각대금완납일로부터 30일 이내로 배분기일이 지정된다.

순위	권리의 종류
1	체납처분비(**집행비용**), 필요비, 유익
2	주택 및 상가 건물 **소액보증금 중 최우선변제금** 근로기준법상 최종 **3개월 임금과 최종 3년간의 퇴직금**
3	**당해세**(집행목적물에 대해 부과된 국세 및 지방세)
4	설정 일자 전에 법정기일이나 납부기한이 도래된 **조세채권**, 조세채권 다음 순위로 징수하는 **공과금**
5	조세채권의 법정기일 및 조세채권 다음 순위로 징수하는 공과금의 납부기한 전에 설정 등기된 **담보채권**
6	근로기준법 제38조 제1항에 및 근로자퇴직급여보장법 제12조 제1항의 **기타 근로관계** 로 인한 임금채권
7	**담보물권보다 늦은 국세 · 지방세 및 이에 관한 체납처분비, 가산세 등의 징수금 (5순위보다 법정기일 늦은 조세채권)**
8	국세 및 지방세의 다음 순위로 징수하는 공과금(산업재해보험료, 국민건강보험료, 고용보험료, 의료보험료, 국민의료보험료 등)
9	**일반채권**, 확정일자 없는 임차인, 가압류

| 공매 절차 요약 |

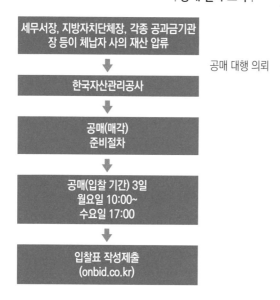

세무서장, 지방자치단체장, 각종 공과금기관장 등이 체납자 사의 재산 압류

공매 대행 의뢰

한국자산관리공사

공매(매각)
준비절차

공매(입찰 기간) 3일
월요일 10:00~
수요일 17:00

입찰표 작성제출
(onbid.co.kr)

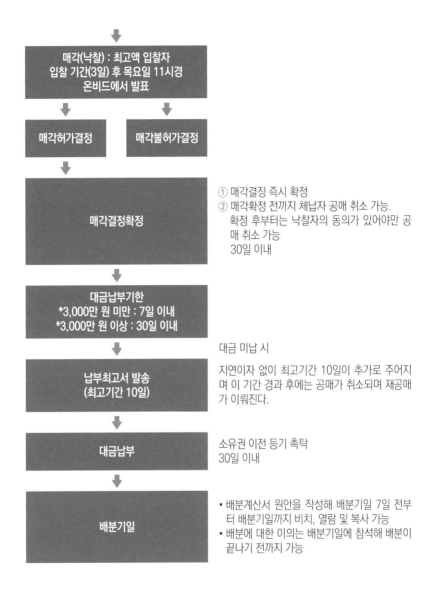

**매각(낙찰) : 최고액 입찰자
입찰 기간(3일) 후 목요일 11시경
온비드에서 발표**

매각허가결정　　**매각불허가결정**

매각결정확정

① 매각결정 즉시 확정
② 매각확정 전까지 체납자 공매 취소 가능.
　확정 후부터는 낙찰자의 동의가 있어야만 공
　매 취소 가능
　30일 이내

**대금납부기한
*3,000만 원 미만 : 7일 이내
*3,000만 원 이상 : 30일 이내**

**납부최고서 발송
(최고기간 10일)**

대금 미납 시

지연이자 없이 최고기간 10일이 추가로 주어지
며 이 기간 경과 후에는 공매가 취소되며 재공매
가 이뤄진다.

대금납부

소유권 이전 등기 촉탁
30일 이내

배분기일

• 배분계산서 원안을 작성해 배분기일 7일 전부
　터 배분기일까지 비치, 열람 및 복사 가능
• 배분에 대한 이의는 배분기일에 참석해 배분이
　끝나기 전까지 가능

공매와 경매가
동시 진행될 경우 대처법

공매와 경매가 동시에 진행될 경우

국세징수법에 의거해 진행되는 공매와 민사집행법에 의거해 진행되는 법원의 경매 절차는 각각 독립적인 별개의 절차로서 상호 간섭하지 않는다. 따라서 경매가 진행되는 중에도 국세징수법상 공매 절차가 별도로 개시될 수도 있으며 반대의 상황도 가능하다. 이러면 공매 절차나 경매 절차 모두 각자 정한 매각방법이나 배당(배분)요구 등 해당 절차의 기준에 따를 수밖에 없고, 각 절차에 따로따로 권리 주장 및 배당(배분)요구를 해야 한다.

공매와 경매가 동시에 진행 시 우선권

공매와 경매는 근거 법률이 다르고 목적도 다르므로 상호 불간섭하게 되며 먼저 종료된 절차가 우선하게 된다. 경매는 지정한 날에 행하는 기일입찰이며, 공매는 온비드 사이트를 통한 월요일부터 수요일까지 기간입찰로 기간에는 어느 때나 입찰할 수 있다. 입찰 발표는 경매는 매각 당일에 하고, 공매는 기간입찰 다음 주의 월요일 10시경에 한다. 잔금의 경우 경매는 1주일의 매각허가결정 기간과 추가로 1주일의 항고 기간이 지나야 잔금을 납부할 수 있지만, 공매는 매각허가결정 후 다음 날 바로부터 잔금 납부가 가능하다. 공매와 경매가 모두 낙찰된 경우 먼저 잔금을 납부한 자가 우선해 소유권을 취득하게 된다.

공매와 경매, 동시 진행 시 권리신고(배당요구) 방법 및 소유권 취득

공매와 경매가 동시에 진행되는 경우에 각각 권리신고와 배당요구를 해야 배당(배분)에 참여할 수 있다. 두 절차 중에서 먼저 잔금을 납부한 자가 소유권을 취득하게 된다. 공매가 먼저 낙찰된 경우 공사에서 경매법원에 경매중지요청서를 보내게 된다. 법원에서는 임의경매개시결정을 기각하면서 경매가 종결되며, 임의경매개시결정등기는 공매 절차에서 촉탁으로 말소된다.

용어 정리

가등기

종국등기를 할 수 있을 만한 실체법적 또는 절차법적 요건이 갖춰지지 못한 경우, 또는 권리의 설정, 이전, 변경, 소멸의 청구권을 보전하려고 할 때와 그 청구권이 시한부, 조건부이거나 장래에 있어서 확정할 것일 때에 그 본등기를 위해 미리 그 순위를 보존하게 되는 효력을 가지는 등기다. 예비등기의 일종이다.

가압류

법원이 채권자를 위해 나중에 강제집행을 할 목적으로 채무자의 재산을 임시로 확보하는 것이다. 채무자가 재산을 숨기거나 팔아버릴 우려가 있기 때문에 미리 확보해놓는 것이다.

감정가

해당 경매·공매 물건에 대해 법원이 감정평가서를 통해 측정한 타당한 가격이다. 경매·공매 시작가는 감정가를 토대로 진행된다. 만약 매각기일에 입찰 참여자가 없을 경우 유찰되었다고 말한다. 경매 입찰 최저가는 감정가 기준으로 20~30%씩 떨어지며 공매는 10%씩 떨어진다.

감정평가서

경매·공매에 올라온 토지 및 건물에 대한 경제적인 가치를 평가하기 위해 작성된 문서다. 일반적으로 감정평가서가 다양한 객관적 자료들을 근거해 판단한다. 감정평가서 안에는 해당 물건에 대한 면적과 수량, 단가, 부동산의 기준가치와 시점 및 조사 기간, 작성일, 감정평가액, 감정평가목적, 소유자 등이 기록되어 있다. 또한 부동산의 사진이나 방 구조 등이 포함되어 있어 권리 분석할 때 좋은 자료가 된다.

강제경매

채권자가 채무자를 상대로 소송 등을 통해 얻은 집행권원(확정판결)에 따라 법원이 채무자의 소유 재산을 압류해 부동산 등을 매각하는 환가 절차를 말한다. 집원권원에는 확정된 이행판결, 가집행선고가 있는 판결, 확정된 지급명령, 화해조서나 조정조서 등이 있다.

경락기일(競落期日)

법원이 관계인의 진술을 듣고 경락 여부를 결정하기 위해 재판하기로 한 날짜다. 경매하는 날로부터 7일 이내에 정해야 한다.

권리분석

부동산이 본래부터 가지고 있는 권리의 내용과 소유권 등에 관련된 내용에 대해 사실관계를 명확하게 파악하는 것이다.

공동저당

동일한 채권의 담보로써 여러 개의 부동산, 예컨대 여러 필의 토지 또는 토지와 그 지상건물 등 위에 설정된 저당권을 말한다.

근저당

미래에 생길 채권의 담보로 보면 된다. 저당권을 미리 설정하는 것이다. 근저당을 설정했을 경우 법원 소송절차가 필요하지 않고, 임의경매 신청이 가능하다.

다가구주택

1개의 주택에 여러 가구가 거주하도록 지어진 주택으로 가구별 별도 방·부엌·화장실을 구비해야 하고, 구분 소유 및 분양이 불가능하다. 1개 동의 주택으로 쓰이는 바닥면적의 합계가 660㎡ 이하, 주택으로 쓰이는 층수가 3개 층 이하여야 한다.

다세대주택

'공동주택'으로 부른다. 4개 층 이하의 건물이다. 다세대주택은 세대별로 등기를 별도로 해 소유할 수 있으며, 호실별로 임대인과 임차인이 다르다. 아파트 개념으로 보면 이해하기가 쉽다. 다세대주택은 다가구주택과 달리 한 호실을 낙찰받을 수 있고, 다가구주택보다 소액으로도 투자가 가능하다.

도시형생활주택의 소형주택 요건

① 세대별 주거면적은 60㎡ 이하일 것
② 세대별로 독립된 주거가 가능하도록 욕실 및 부엌이 설치될 것
③ 주거전용면적이 30㎡ 미만이면 욕실 및 보일러실을 제외한 부분을 하나의 공간으로 구성할 것

④ 주거전용면적이 30㎡ 이상이면 욕실 및 보일러실을 제외한 부분을 세 개 이하의 침실(각각의 면적이 7㎡ 이상)과 침실이 두 개 이상인 세대수는 소형주택 전체 세대수의 3분의 1을 초과하지 않을 것

⑤ 지하층에는 세대를 설치하지 않을 것

담보가등기

"돈을 얼마 빌리고 언제까지 안 갚을 때는 내 소유의 건물을 주겠다"라는 식의 대물변제(물건으로 갚는 것) 예약을 하고 설정하는 경우의 가등기를 말한다.

대항력

임차인으로서 임대인에게 본인의 계약 기간과 보증 금액을 보장받을 수 있는 권리다. 대항력은 임차인을 보호하기 위한 주택임대차보호법에 규정된 중요한 내용이다. 경매 입찰 예정자는 이러한 개념을 잘 알고 있어야 낙찰가 이외에 추가로 물어낼 돈이 있는지, 없는지를 확인하고 권리분석을 잘해야 낭패를 면할 수 있다. 대항력이라는 권리를 갖기 위해서는 점유와 전입신고를 해야 한다. 점유는 말 그대로 해당 물건에 거주하고 살고 있어야 하며, 전입신고는 행정복지센터에 가서 할 수 있다. 하지만 전입신고를 한다고 해서 모두 대항력을 갖는 것이 아니다. 말소기준보다 전입신고가 빠른 경우 대항력이 발생하며, 말소기준권리보다 늦으면 대항력은 없다고 봐야 한다.

등기사항전부증명서(구 등기부등본)

부동산에 관한 권리관계를 적어두는 문서로 등기부를 복사한 증명 문서다. 주소, 용도, 소유자, 채무, 면적 등 해당 부동산에 대한 모든 역사가 기록되어 있다고 보면 된다. 대법원 인터넷등기소 사이트(www.iros.go.kr)에 들어가 수수료를 납부하면 아무나 등본을 열람할 수 있다. 보통은 계약 시 공인중개사가 등기사항전부증명서를 출력해준다. 하지만 부동산 경·공매를 공부한 사람이라면 이사 가기 전에 등기사항전부증명서를 미리 열람해서 문제가 있는지, 없는지는 다시 한번 확인해볼 줄도 알아야 한다.

말소기준권리

경매나 공매 부동산의 권리에 대한 매수인의 부담(인수) 여부를 결정하는 기준이 되는 권리이며 (근)저당권, (가)압류, 강제경매기입, 담보가등기, 전세권 등이 있다.

매각기일

해당 물건에 대해 경매가 진행되는 일자와 시간을 말한다. 매각기일이 '2022-07-22 10:00~(금)'이라고 적혀 있으면 이 물건에 입찰하고 싶은 사람은 해당 날짜와 시간에 맞춰 경매가 진행되는 법원에 가야 한다. 보통 1시간 정도 입찰 서류를 제출하는 시간이 주어진다. 법원마다 입찰 시작 시간과 종료 시간이 다르기 때문에 미리 확인하고 입찰하는 것이 좋다. 미리 1시간 정도 일찍 가서 준비하면 여유가 있다. 이때 본인이 직접 가지 못하고 대리인을 통해 입찰할 때에는 대리인 추가 서류가 필요하니 준비를 미리 해야 한다. 공매는 인터넷으로 입찰하면 된다.

매각물건명세서

매각물건명세서는 부동산 등기사항전부증명서, 현황조사서, 감정평가서 등을 바탕으로 법원이 작성하는 서류다. 해당 경매계, 사건번호, 소재지, 최저입찰가, 매각조건 등의 내용이 기재되어 있다.

부동산 경매의 정의

'부동산 경매'는 채무자가 채무를 상환할 수 없는 경우 금전채권의 만족을 얻기 위해 채권자의 신청에 따라 민사집행법에 따라 법원이 부동산을 강제적으로 매각하는 제도를 말한다. 강제경매와 임의경매로 구분된다.

압류

확정판결, 기타 집행권원(구법 채무명의)에 의해 강제집행(입찰)을 하기 위한 보전수단이다(압류 후 경매 또는 환가절차로 이행).

용익물건

타인의 물건 위에 성립하는 권리이므로 '타물권(他物權)'이라고도 한다. 소유권의 권능을 일부 제한하는 권리이므로 담보물권과 함께 제한물권이라고도 하고 소유권을 제한한다.

우선매수권

공유물지분의 경매나 공매에 있어서 채무자 아닌 다른 공유자는 매각기일까지, 최저매각가의 10분의 1에 해당하는 금원을 보증으로 제공하고, 최고매수신고가와 같은 가격으로 채무자의 지분을 우선 매수하겠다는 신고를 할 수 있다. 이 경우 법원은 다른 사람의 최고가매수신고가 있더라도 우선 매수를 신고한 공유자에게 매각을 허가해야 한다.

유치권

타인의 물건 또는 유가증권을 점유한 자가 그 물건이나 유가증권에 관해 생긴 채권이 변제기에 있는 경우에 변제를 받을 때까지 그 물건 또는 유가증권을 유치함으로써 채무자의 변제를 간접적으로 강제하는 법정담보물건이다.

유찰

경매·공매 입찰자가 없어 낙찰이 결정되지 않고, 다음 경매, 공매기일로 넘어가는 것을 말한다. 일반적으로 유찰당 경매는 20~30%, 공매는 10%씩 떨어진다.

인도명령

채무자, 소유자 또는 압류의 효력이 발생한 후에 점유를 시작한 부동산 점유자에 대해 매수인이 대금을 완납한 후 6개월 이내에 집행법원에 신청한다. 법원은 이유가 있으면 간단히 인도명령을 발해 그들의 점유를 집행관이 풀고 매수인에게 부동산을 인도하라는 취지의 재판을 한다.

일괄경매

개별입찰할 경우 현저한 가치 감소가 우려되는 경우에는 경매 신청 권자의 신청이나 법원의 직권을 통해 일괄해 경매하는 것이다.

임의경매(담보권 실행을 위한 경매)

채무자가 채무를 이행하지 않는 경우 이미 담보(근저당권 등)를 제공받은 채권자가 그 담보물권에 근거해 법원에 환가절차를 통해 우선변제를 얻는 것을 말한다. 변제기가 도래된 (근)저당권, 담보가등기권, 계약기간이 도래한 등기된 전세권 등이 있다.

임차권등기

임차인은 임대차기간이 만료된 후 임차권등기를 해두면 보증금을 돌려받지 못한 채 이사를 가거나 주민등록을 옮기더라도 이미 갖고 있던 임차인의 권리를 계속해서 유지하게 된다. 나중에 경매되었을 때 낙찰자 또는 법원으로부터 배당을 통해 보증금을 돌려받을 수 있다.

잉여의 가망이 없는 경우의 경매 취소

집행법원은 법원이 정한 최저매각가로 압류권자의 채권에 우선하는 부동산의 모든 부담과 경매 비용을 변제하면, 남는 것이 없다고 인정한 때에는 이러한 사실을 압류권자에게 통지한다. 압류권자가 이러한 우선 채권을 넘는 가액으로 매수하는 자가 없는 경우에는 스스로 매수할 것을 신청하고 충분한 보증을 제공하지 않는 한 경매 절차를 직권으로 취소하게 된다.

재경매 / (신)재매각

법원에서 매각허가결정 확정 후 법원이 지정한 대금지급기일에 낙찰자가 낙찰대금 지급을 하지 않고 차순위매수신고인이 없는 경우에 법원이 직권으로 실시하는 경매

전입신고

거주지를 옮길 때 새로 살게 된 곳에 그 사실을 알리는 것이다. 임차인 권리분석 과정에서 가장 중요한 기준이 된다. 전입신고일자가 말소기준보다 빠른 경우 임차인의 대항력이 생기며 말소기준보다 늦으면 대항력은 없다.

지번

필지에 부여해 지적공부에 등록한 번호를 말하며, 지번에는 본번과 부번이 있다.

집행권원

일정한 사법상의 급여청구권 존재 및 범위를 표시함과 동시에 법률이 강제집행 때문에 그 청구권을 실현할 수 있는 집행력을 인정하는 공정의 증서다.

차순위매수신고인

최고가매수신고인 이외에 매수신청인(입찰자) 중 최고가 매수신고액에서 보증금을 공제한 액수보다 높은 가격으로 응찰한 사람은 차순위매수신고를 할 수 있다. 차순위매수신고를 하면 매각대금을 납부하기 전까지는 보증금을 돌려받지 못한다.

채권자

채권을 가진 사람으로 곧 채무자에게 재산상의 급부를 청구할 권리가 있는 사람을 말한다.

최고

타인에게 일정한 행위를 할 것을 요구하는 통지다.

토지 분할

지적공부에 등록된 1필지를 2필지 이상으로 나누어 등록하는 것이다. 토지의 분할은 다음 요건이 성립되어야 한다.

① 소유권 이전, 매매 등을 위해 필요한 경우
② 1필지의 일부가 형질변경 등으로 용도가 다르게 된 경우
③ 토지 이용상 불합리한 지상경계를 시정하기 위한 경우
④ 1필지의 일부가 지목이 다르게 된 경우

필지

토지의 법률적 최소단위로 하나의 지번을 부여해 인위적으로 구획된 토지의 등록 단위다.

최우선변제권

주택이나 상가임차인 중 소액보증금에 해당하는 임차인은 일정한 요건을 갖추면 보증금 중 일정액을 순위와 관계없이 일반 채권자는 물론, 선순위 담보물권자보다 최우선으로 경매나 공매에서 배당받을 수 있는 권리다.

최저가

경매 입찰하는 물건의 최저가를 말한다. 첫 매각기일의 최저가는 감정가로 시작하기 때문에 유찰 횟수에 따라 최저가는 달라진다. 예를 들면 법원이 부동산의 가치를 측정하기 위해 감정평가서를 통해 평가한 감정가는 2억 원이다. 매각기일에 입찰 최저가는 감정가인 2억 원으로 시작한다. 따라서 경매 입찰자는 최소 2억 원부터 입찰가를 작성할 수 있다. 그런데 매각기일에 아무도 입찰하지 않았고 1회 유찰되었다면 다음 매각기일 최저가는 감정가 대비 20%(지역마다 차이가 있으므로 참조)가 떨어졌다면 다음 입찰가는 1억 6,000만 원이 된다. 이때 입찰자는 최소 1억 6,000만 원부터 입찰할 수 있다.

확정일자

임대차 계약이 이뤄지면 일자를 증명하기 위해 계약서에 확정일자 도장을 찍는 것이다. 만약 해당 물건이 경매에 넘어간다면 임차인이 보증금을 돌려받을 수 있는 조건을 갖추기 위한 것이다. 확정일자는 대항력 기준이 아닌 배당순서의 기준이 된다. 전입일자와 확정일자를 구분할 줄 알아야 잘못된 권리분석을 할 수 있다. 요즘은 인터넷으로 확정일자를 받을 수 있다.

- 확정일자 간단히 인터넷으로 받을 방법

1. 인터넷에 대법원 인터넷등기소를 검색한다.

2. 회원가입을 하고 로그인한다.

3. 상단 중간에 확정일자란에 클릭한다.

4. 공인인증서가 필요하다.

5. 신청하고 절차대로 진행하면 된다.

제1판 1쇄 2022년 11월 10일
제1판 2쇄 2023년 2월 10일

지은이 김동년
펴낸이 최경선 　　　　　　**펴낸곳** 매경출판㈜
기획제작 ㈜두드림미디어
책임편집 이향선, 배성분 　　**디자인** 김진나(nah1052@naver.com)
마케팅 김성현, 한동우

매경출판㈜
등록 2003년 4월 24일(No. 2-3759)
주소 (04557) 서울시 중구 충무로 2(필동 1가) 매일경제 별관 2층 매경출판㈜
홈페이지 www.mkbook.co.kr
전화 02)333-3577
이메일 dodreamedia@naver.com(원고 투고 및 출판 관련 문의)
인쇄·제본 ㈜M-print 031)8071-0961

ISBN 979-11-6484-479-1 (03320)

백만장자 라이프
극한직업
건물주

건물주로 올라서다

백민장경제신문사

백만장자 라이프
꼬마빌딩 건축

최종 30일, 매일 돌변 40가 알기 쉬운 실화 대공개

백민장경제신문사

신방수 세무사의
확 바뀐
상가
빌딩
절세 가이드북

상가·빌딩 세금 맞닥뜨린 판례 소개했다

백민장경제신문사

우대빵과 함께하는
성공 부동산
중개사무소
창업

무명이지만 공정하게 부동산 중개 시장을 바꾼다

백민장경제신문사

수익형과 차익형 두 마리 토끼를 잡는
지식산업센터
투자의
정석

지식산업센터에도 부자 지식산업센터에 살 수 있다

백민장경제신문사

닥치고 현장!
소액자본으로
부동산
부자되기

실제 투자 6개 지역을 선정했는가?
남양주, 광주, 창원, 제주, 기흥, 목포 6개 지역
부동산 완전 분석

백민장경제신문사

신방수 세무사의
부동산 증여에
관한 모든 것

일반증여에서 부담부증여까지
나에게 맞는 증여 전략을 찾을 수 있다!

백민장경제신문사

부자 경매의 시작
알기 쉬운
기초 경매

빚을 알고
위을 줄만 알면
경매는 한다

백민장경제신문사

신방수 세무사의
2022
확 바뀐
부동산 세금
완전 분석

백민장경제신문사

라셀과 함께 공부하는
셀프 경매
바이블

셀프 등기부터 셀프 소송·셀프 세금 신고까지
법무사·변호사·세무사 등 전문가 도움 없이
셀프 경매 바디 지식을 습득하기 위한 이론서 지침서

백민장경제신문사

실전 사례로 풀어보는
상가 셀프
경매의 정석

★★★ 상가 경매로 노후 대책 마련하기

상가 경매를 통해 안정적
파이프라인을 만드는 비법 공개

백민장경제신문사

닥치고 현장!
부동산에
미치다

부동산 투자의 답은 현장에 있다!

백민장경제신문사

쉽게 따라 하고
빠르게 도전하는
빌라
투자
방정식

투자의 5가지 조건과 공매 공유 3가지 등의
빌라 투자 방정식을 체계적으로 연재한다!

백민장경제신문사

DEVELOPER
부동산 투자의 제4물결
디벨로퍼
경매

백민장경제신문사

부동산 슈퍼리치만 아는
투자 비밀

SUPER RICH

백민장경제신문사

월세
보증금으로
부동산 산다
반값 생활 경매 솔루션

부동산 시장의 급변에도
일반적인 부동산 경매의 정설!

백민장경제신문사

신방수 세무사의
1인
부동산
법인
하려면 제대로
운영하라!

백민장경제신문사

대박나는 부동산 중개
핵심
공인중개사
실무 교육

백민장경제신문사

실전 사례로 알려주는
부동산
경매·공매
특수물건
투자 비법

백민장경제신문사

월급이에서 상가 투자로 건물주 되기
거지였던 나는
상가 투자로
32억
건물주가 되었다

백민장경제신문사

공매 투자, 지금이 기회다

직장인도 따라 할 수 있는 별장펜션 창업

한 권으로 끝내는 토지 투자 성공공식

임장의 여왕이 알려주는 부동산 투자 전략

'발칙한 발상'이 부동산 성공 투자를 부른다

미니 재개발·재건축의 모든 것

이기는 부동산 경매의 비밀

종부세 핵폭탄 대비하는 완벽 솔루션

이제 부동산 세금을 알아야 주택 보유 & 처분 할 수 있는 시대다

투자 전, 꼭 알아야 하는 상가임대차법

부동산 경매, 초보에서 탈출하라

초규제 시대, 부동산 투자의 정석

돈이 되는 부동산 vs 돌이 되는 부동산

양도소득세 완전분석

사례로 풀어보는 지분경매

부동산 거래 전에 자금출처부터 준비하라!

부동산 관리도 경영의 시대

부동산 관리와 종합서비스

상속분쟁 예방과 상속 증여 절세 비법

김 팀장도 돈 버는 셰어하우스

내 생애 짜릿한
대박 상가 투자법

세금 모르면 주택임대사업이 허지 미친다
신방수 세무사의
주택임대사업자
등록과 절세 비법

이상혁의 실전 경매 운영자 매뉴얼로
나는 장애를 딛고
부동산 경매로 성공했다

완벽한 준비란 세상에 없다
시기와 타임 기다리것보다 우선 시작하라!

불황에도 매출 10배 올리는
상위
1% 공인 중개사의 마케팅 비법

GTX 시대, 부동산 투자 비법은 따로 있다!
아파트는 살고 땅은 사라

부동산 투자를 시작하기 전에 꼭 알아야 할 실전 기술
부동산 상식을 돈으로 바꾸는 방법

해외 부동산 투자,
나는 말레이시아로 간다

MALAYSIA

투자자에게 알려주고 싶은 부동산 블루오션

당신도 건물주가 될 수 있다
원룸 마스터

부동산 투자자,
계약자가 꼭 알아야 하는
부동산 실무 法
용어사전 1,000

부자가 되기 위한 새로운 패러다임
부자로 환승하라 머니트레인

부동산 투자, 이제는 지하철이 핵심이다!

부동산 투자 인사이트

그는 어떻게
부동산 1인 창업으로 10억을 벌었을까?

부동산 투자의 숨겨진 진실

돈 버는 주택임대 관리기법

10%대 수익률을 위한
최고의 부동산 재테크
P2P 투자의 정석

부 동산으로 이룬
자 유의
꿈

잘 키운 아파트,
직장 탄탄 안 무섭다

아파트 경매, 지역 분석이 먼저다!

예매 사례를
중심으로 살펴보는
대박 친 빌딩 투자의 비밀

부자가 되기 위한 부동산 요리법
정준환의
부동산 레시피

초보를 위한 취업과 창업 완벽 가이드
잘나가는 공인중개사의 비밀노트

한 권으로 정리한 단기 속성 실무전략

新
명품 토지 중개 실무

다양한 사례로 함께 살펴보는 실무 노하우

실패 없는 부동산 재테크의
**돈 길 따라가는
부동산 투자**
정보력과 실전 경험이 마땅이 된,
앞을 내다보는 부동산 투자 기법을 전수한다

부동산 매매·중개·등기 관계 쪽 알아야 하는
**부동산
세무**
Real estate
Tax
Guide Book
실전편
2019
개정세법 반영
전면개정판

개념부터 쉽게 배우는 부동산 필수 상식
**돈 되는 부동산은
따로 있다**
300채 넘어본 배테랑 저자가 전하는
부동산 투자 비법

지식산업센터 투자 실전 편
**부동산 투자,
아파트형
공장이
틈새다**

2달 만에 월세 200만 원 받는
**월세 부자
레시피**
이때 당신도 부자가 될 수 있다!

직장인들도
쉽게 따라할 수 있는
新
**부동산 공매
가이드북**
실전편

양도·증여·상속의 모든 것
기막힌
**부동산
절세의
비밀**
생활 속의 세금 상식을 담은
절세 필독서

경매 NPL 투자자의 자산가도 꼭 알아야 하는
**부동산
매매·임대사업자
세무**
Real estate
Business
Tax
Guide Book
가이드북
실전편

**나는
부동산 투자로
파산자에서
100억 부자가
되었다**

경쟁하기 싫은 경매 투자자들의 신세계
**지분경매,
공유지분,
독점경매**
남들과 경쟁하기 싫고,
혼자 전부 독식하고 싶다!

입찰에서 취득까지, 매도에서 멸도까지
부동산 경매의 모든 것
**이것이 진짜
성공 경매다**
가치 투자로 승부하는
실패를 최소화하는 성공 투자 비법

부동산 전문 이나몬드의 재테크 실전법
**결혼은 선택이지만
부동산
투자는
필수다**

수익형 부동산 건축과 재테크 투자 비법
**헌집 살래
새집 살래**
건축을 알면
알파 부동산이 한눈에 보인다!

**부자 되는
주택
임대사업**
이제 대세는 수익형 부동산이다
평생 돈 걱정 없이 사는 월세 부자 되기

**돈 버는
공인중개사는
따로 있다**

누구도 알려주지 않았던 진짜
부동산 정책 분석
**시장을 이기는
정책은 없다**
부동산 정책을 알면 시장이 보인다!

**전세가를 알면
부동산 투자
가 보인다**

서울시 공정경재과
주무관이 알려주는
**부동산
거래와
판 례**

**스타들의
부동산
재테크**
스타들의 사생활보다 더 궁금한
그들만의 부동산 투자
스타가 좋아하는
부동산은 따로 있다?

**지분 경매로
토지 개발업자 되기**

부동산 재테크
역세권이
답이다

세무사 김현미가 알려주는:
세무조사
대비의 모든 것

주택 연출가
무조건 따라하기

커피 한 잔 값으로
초대형 오피스 주인 되기
리츠
얼리어답터

고수익을 안겨주는
블루오션 토지 경매
신미 한 수
금맥
경매

주택·아파트 매도·취득·증여·양도 권리 및 절세의 모든 것
주택
아파트
세무 가이드북
실전편

권리분석
완전정복으로
10년 안에
10억 벌기

대한민국을
움직이는
땅 투자 법칙 100

땅투자
10단계 절대불변의 법칙

돈의 보감
평범한 셀러리맨, 투잡 경매로
5년에 10억 벌다

나는 갭 투자로
300채 집주인이
되었다

토지
세무
가이드북
실전편

新
상가
투자
보물
찾기

상가
세무
가이드북
실전편

NPL
가격 산정의 비밀

응답하라!!
위기의
부동산

나는
토지 경매로
금맥을 캔다

토지보상경매
실전활용

세무조사
실무
가이드북
실전편

야생화의
기초 경매